Alfons Kissner, Carl Kissner

Schottische Volkslieder

Für Sopran, Alt, Tenor u. Bass, Heft 1

Alfons Kissner, Carl Kissner

Schottische Volkslieder
Für Sopran, Alt, Tenor u. Bass, Heft 1

ISBN/EAN: 9783743422520

Hergestellt in Europa, USA, Kanada, Australien, Japan

Cover: Foto ©Thomas Meinert / pixelio.de

Weitere Bücher finden Sie auf **www.hansebooks.com**

Schottische Volkslieder.

Heft 1. Heft 2.
672.   681.

Empor, du alter Schottensang, ihr Lieder kühn, erklingt!
Ihr schlichten, trauten Melodien, wie ihr das Herz durchdringt!
Ertönt, ertönt! Will lauschen euch, will lauschen immerdar
Der Mähr' von Heimath, Jugendglück und von der Zeit, die war!

Auld Scotia's sangs, auld Scotia's sangs! her native wood-notes wild!
Her nomie artless melodies, that move me like a child;
Sing on, sing on! and I will list, will list them o'er and o'er,
Auld Scotia's sangs, auld Scotia's sangs, the sangs o' youth and yore!

Der deutsche Liederschatz liegt erschlossen: Jedem zugänglich strömt die reiche Quelle unsres Volksgesangs, ein Jungbrunnen dem deutschen Gemüthe, das kein Alter kennt, so lange jene belebende Fluth ihm nicht versiecht.

Doch der Deutsche freut sich nicht blos seiner eigenen Lieder; bei den Romanen, den Skandinaviern, den Slawen, bis zu den Persern und Indiern hat er sich umgeschaut und sich zum Mitgeniessenden ihrer geistigen Schätze gemacht — dies unser schönes Erbtheil, fremden Eigenthümlichkeiten ein warmes Herz entgegen zu bringen, dem Pulsschlage fremden Lebens zu lauschen und durch Eindringen in Andrer Empfinden und Denken das eigene Sein zu bereichern. — Dies werden wir uns auch heute nicht entgehen lassen, da wir, endlich! gelernt haben, heimisches Gute werth zu schätzen.

In dieser Ueberzeugung ist der vorliegende Versuch gemacht worden, der Theilnahme des deutschen Publikums Proben vom schottischen Volksgesang näher zu bringen. Er theilt mit dem deutschen die Innigkeit des Gefühls, den Zauber der ungeschminkten Empfindung, wie des knappen, rührend einfachen Ausdrucks. Die Naturlaute des Herzens reden dieselbe eindringliche, Jedem verständliche Sprache. Nach einer Seite kann sich der Schotte sogar eines Vorzuges rühmen, er besitzt eine Reihe Lieder, die, über das Gebiet des Stimmungsliedes hinausgehend, eine grosse geschichtliche Zeit wiederspiegeln. Solche historisch-politische Lieder, wie man sie nennen könnte, erheben sich oft zu einer Kraft des Pathos, zu einem Schwung der Begeisterung, dem nicht zu widerstehen ist. Dahin gehören diejenigen, welche die Tage Robin Hood's heraufbeschwören und die düsteren Gestalten der Helden aus den Hochlandkämpfen auferstehen lassen, — oder welche in die Zeiten der Jacobitenwirren zurückversetzen, als der Schotte mit grimmem Schmerz die Glieder seines geliebten Herrscherhauses, der Stuarts, vom heimischen Boden vertrieben sah.

Im grossen Ganzen indess überwiegt in dem schottischen Volksgesang das heitere Moment, und naturwüchsiger Humor hat in den zahllosen Liedern schelmischen, ja ausgelassenen Inhaltes köstliche Blüthen getrieben.

Was die Entstehung anlangt, so kennen wir, wie bei allen ächten Volksliedern, so auch bei den schottischen, die ursprünglichen Dichter und Komponisten gewöhnlich nicht. Liegt es ja doch im Wesen des Volksliedes, dass von eigentlichem Erschaffen und Inmusiksetzen überhaupt nicht die Rede ist: im gleichen Momente entrangen sich dem höher gestimmten Gemüthe,—eines Schäfers, eines Jägers, eines wandernden Burschen — zu Einem organischen Ganzen verschmolzen, Worte und Melodie; als Ganzes wurden sie von der Umgebung aufgenommen und verbreiteten sie sich weiter.Wenn man nun trotzdem bei vielen der nachfolgenden Lieder Dichter und Komponisten genannt findet, so ist zu bedenken, dass ab und zu natürlich auch das Produkt eines bewusst schaffenden Einzelnen derart in Ton und Empfindung das, was in Allen lebte, aussprechen konnte, um zum Gemeingut Aller, zum wirklichen Volkslied zu werden. Dahin gehören die Gesänge eines Burns, eines Ramsay. Bei weitem der grösste Theil jedoch ist weit älteren Ursprungs und lässt sich, wir wiederholen es, nicht auf bestimmte Personen zurückführen. Von Mund zu Mund seit Jahrhunderten gesungen, bewahrten sich diese Lieder, natürlich oft genug mit allmähligen Variationen und Entstellungen, in der lebendigen Volkstradition, und diese ist die Quelle, aus welcher gelegentlich Liebhaber und Sammler für ihre Aufzeichnungen schöpften.

Das erste bedeutende Sammelwerk dieser Art und dasjenige, welches allen späteren mehr oder weniger zu Grunde liegt, erschien im Jahre 1724 unter dem Titel:,,Allerlei zum Theetisch"*(Tea Table Miscellany)*, eine Bezeichnung, welche verräth, dass das Werk für die Consumenten des damals vornehmen Theegetränkes, d.h. für die höheren Gesellschaftsschichten berechnet war. Der Herausgeber, Allan Ramsay, verfuhr leider unkritisch genug: nicht nur, dass er unterliess, irgendwie nach Alter und Herkunft der Lieder zu fragen, hat er kein Bedenken getragen, die aufgenommenen Lieder gelegentlich nach eigenem Geschmack willkürlich zu ändern, zu kürzen oder zu erweitern. Glücklicherweise ist es mühevoller Kritik ziemlich gelungen, die von ihm umgemodelten Lieder heraus zu finden und in ihrer ursprünglichen Gestalt wieder herzustellen, andrerseits auch die von **Ramsay** und seinen Mitarbeitern selbstständig geschaffenen, welche dort ebenfalls mitten unter den uralten Erzeugnissen des ächten Volksgesanges ihren Platz erhalten hatten, zu bezeichnen. Uebrigens schmälert das die unbestreitbaren Verdienste Ramsay's keineswegs: er war der Erste, welcher die Schönheiten der schottischen Volkslyrik auch den exklusiven vornehmen Kreisen zum Verständniss und Genuss brachte, und als Dichter hat er durch seine wohllautenden, von warmer Empfindung beseelten Verse seinen Platz auf dem schottischen Parnass dicht neben **Robert Burns**.

Diesem „Fürsten des Schottensanges" *(High Chief of Scottish Song)*, wie er genannt worden ist, bleibt es zu verdanken, dass das nächste grossartige Sammelwerk*) — wir übergehen hier die von **David Herd** 1766 veröffentlichten „*Ancient and Modern Scottish Songs, Heroic Ballads, etc.*" — zu Stande kam und ein Nationalgut in vollem Sinn des Wortes wurde. Es ist **James Johnson's** „Musikalisches Museum" *(Scots Musical Museum, 1787—1803; 6 vol)*, welches sich zum Ziele setzte, „Schottlands Poesie und Musik in einer allgemeinen Sammlung zu vereinigen." Durch Burns begeisterte Theilnahme gedieh das Werk zum glorreichen Ende, ebenso die verwandte Unternehmung **George Thomson's** „*The Melodies of Scotland*" 5 vol. New Edit. 1831. (mit Arrangements von **Pleyel, Haydn, Beethoven, Weber** und **Hummel**.)

Burns dichterische Thätigkeit hierbei — wir müssen das in Hinblick auf die seinen Namen tragenden Lieder unsrer Sammlung kurz erwähnen — war eine doppelte: einmal griff er bereits vorhandene, aber halbvergessene Lieder auf und hauchte ihnen durch Ergänzung und theilweise Umgestaltung neues Leben ein, oder mit seiner wunderbaren Kunst der Anempfindung schuf er, oft nach bestehenden Volksmelodien, neue Gedichte, die so glücklich den wahren Volkston getroffen haben, dass in der That manche davon dem Dichter abgesprochen und längst verschwundenen Jahrhunderten zu-

---

*) Für die neueren Sammlungen schottischer Lieder zu sehen das von uns benutzte „*Book of Scottish Song by Whitelaw, Glasgow* 1844.

gewiesen worden sind.*) Was in volksthümlicher Lyrik nach Burns geleistet worden, sind im grossen Ganzen Bestrebungen, die von ihm eröffnete Bahn weiter zu verfolgen.

Hinsichtlich des musikalischen Elementes der schottischen Lieder fesselt die Eigenart ihrer Rhytmik, die Anmuth der bald wehmüthig weichen, bald schalkhaft neckischen Melodien, oder andrerseits die Kraft und der Schwung derer, welche kriegerischen Geist athmen.

Um die grösstmöglichste Verbreitung der vorliegenden Auswahl schottischer Lieder zu erzielen, sind dieselben vierstimmig (für gemischte Stimmen) eingerichtet, so dass die Sammlung als Pendant zu Silcher's Bearbeitung deutscher Volkslieder angesehen werden kann.

Und so werden diese Proben des schottischen Volksgesangs dem deutschen Publikum mit dem Wunsche übergeben, dass die Theilnahme desselben den Herausgeber zur Fortsetzung des begonnenen Unternehmens ermuthigen möge.

---

*) Vgl. Bartsch's Einleitung zu seiner vortrefflichen Uebertragung der Lieder und Balladen von Burns, Hildburghausen 1865.

In offering the present collection of Scottish Songs to the British public, we do not claim to publish anything essentially new. The arrangement alone, that for four voices, two male, and two female, has not hitherto been applied to the songs of Scotland, and may therefore be welcome to many persons, those especially who cultivate quartett or choral singing. We have been encouraged in our task by the lively interest which collections of German songs similarly arranged have excited in England, and offer this volume to the public in the hope that it may find an equally favourable reception.

Alfons Kissner.

Sang süsset Mühn, wie kunstlos auch das Lied:
Sang kürzt der Dorfmaid harten Arbeitstag;
Und nimmer, wenn das flinke Rädchen flieht,
Denkt sie der Dinge trübem Wechsel nach.
        Alfons Kissner.

Song sweetens toil however rude the sound:
All at her work the village maiden sings;
Nor, while she turns the giddy wheel around,
Revolves the sad vicissitude of things.
        Giffard.

SCHOTTISCHE VOLKSLIEDER.
HEFT I.

1.

Abschied.
Farewell to Eliza.

A. v. Winterfeld.
R. Burns.

2.

Komm' her zu mir.
Come, let me take thee.

Ed. Zachariae.
R. Burns.

3.

Der wandernde Willie. (ALT.)
Wandering Willie.

H. J. Heintze.
R. Burns.

(4 Verse.)

4.

John Anderson.
John Anderson, my jo.

F. Freiligrath.
R. Burns.

(2 Verse / 2 verses)

5.

Das Landmädchen.
Country Lassie.

Karl Bartsch.
R. Burns.

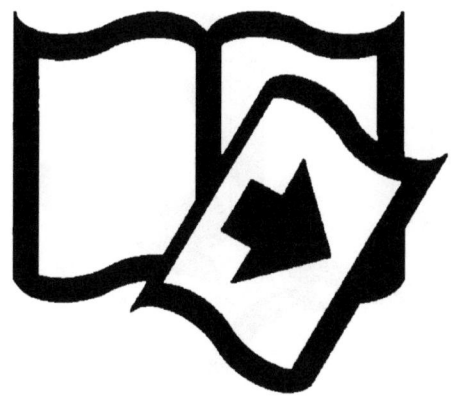

PAGE(S) MISSING

(3 Verse.)
(3 verses.)

7a.

Mein Herz ist im Hochland.
My heart's in the Highlands.

F. Freiligrath.
R. Burns.

(3 Verse.
3 verses.)

7b

Mein Herz ist im Hochland.*)
My heart's in the Highlands.

*) Diese jetzt gebräuchliche Melodie scheint durch Sänger vom „bairischen Hochland" importirt worden zu sein.

8.

Marion.

(Alte Melodie.)

Felix Dahn.
Author unknown.

9.
Die Ufer des Doon.
The banks o' Doon.

Karl Bartsch.
R. Burns.

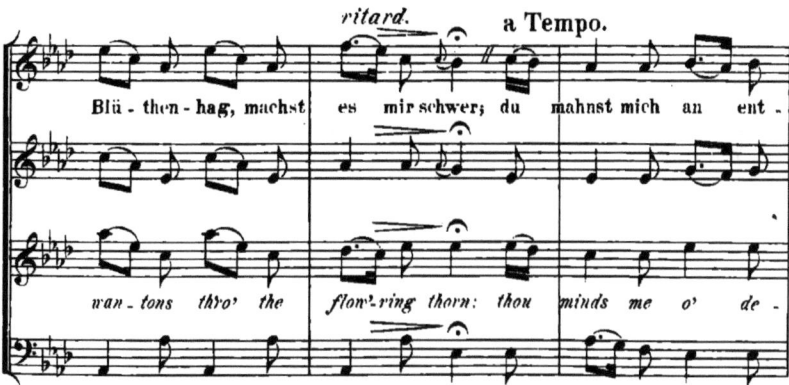

10.

Fahr wohl, du Strom.
Farewell, thou stream.

Felix Dahn.
R. Burns.

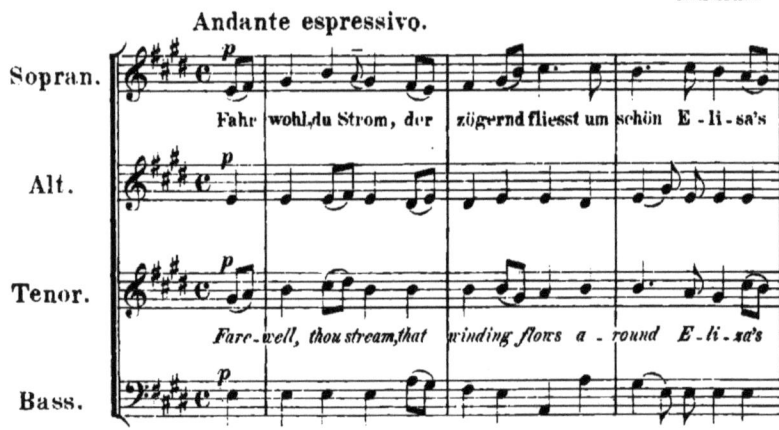

11.

Nanny ist fort.
My Nannie's awa.

Karl Bartsch.
R. Burns.

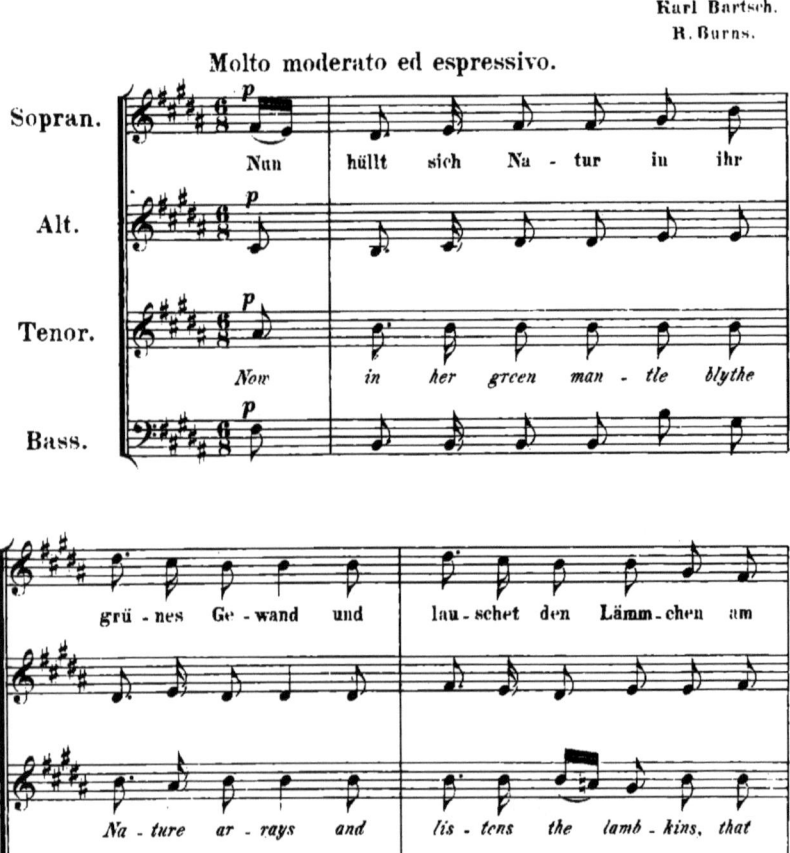

12.
Mein Colin.
My Colin.

Alte gaelische Melodie:
Chro Challin.

Ed. Zachariae.
Mrs. Grant.

29

(3 Verse.)
(3 verses.)

SCHOTTISCHE VOLKSLIEDER. HEFT I.
SOPRAN.

1.
Abschied.
Farewell to Eliza.

A. v. Winterfeld.
R. Burns.

Lento, molto espressivo.

1. Von dir, E - li - se, muss ich geh'n und meinem Heimath-
2. Leb' wohl, leb' wohl, Ge - lieb - te du, o Mädchen hold und
1. *From thee, E - li - za, I must go, and from my na - tive*
2. *Fare - well, fare - well, E - li - za dear, the maid that I a -*

land; bald wirst du uns ge - schie - den seh'n durch
hehr! pro - phe - tisch flü - stert mir es zu: wir
shore; the cru - el fates be - tween us throw a
dore! a bo - ding voice is in mine ear, we

rau - he Schick-sals - hand, bald trennt der O - cean
se - hen uns nicht mehr! Den letz - ten Seuf - zer,
bound - less o - cean's roar; but bound - less o - ceans,
part to meet no more! The la - test throb that

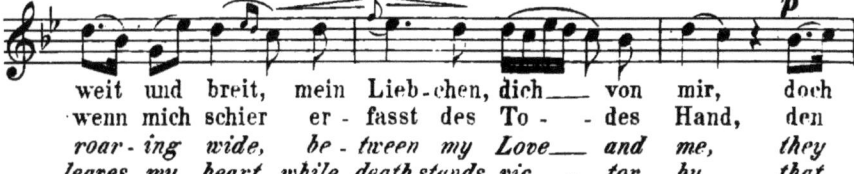

weit und breit, mein Lieb-chen, dich von mir, doch
wenn mich schier er - fasst des To - des Hand, den
roar - ing wide, be - tween my Love and me, they
leaves my heart, while death stands vic - tor by, that

wär' er noch ein - mal so breit, mein Herz bleibt doch bei dir.
letz - ten Seuf-zer send' ich dir als letz - tes Lie - bes - pfand!
nev - er, nev - er can di - vide my heart and soul from thee.
throb, E - li - za, is thy part, and thine that la - test sigh!

SOPRAN.

2.
Komm' her zu mir.
Come, let me take thee.

Ed. Zachariae.
R. Burns.

1. Komm' her zu mir an mei - ne Brust, für -
2. So halt' ich lind, du rei - zend Kind, mein
1. Come, let me take thee to my breast, and
2. Thus in my arms, wi' all thy charms, I

wahr, hier sollst du blei - ben; ver - ach - tet sei die
Klei - nod, dich um - wun - den; was frag' ich doch nach
pledge we ne'er shall sun - der; and I shall spurn as
clasp my count - less trea - sure; I'll seek nae mair o'

poco ritard.

eit - le Lust der Welt und all' ihr Trei - ben.
Him - meln noch im Rau - sche sol - cher Stun - den.
vi - lest dust the world's wealth and gran - deur:
heav'n to share, than sic a mo - ment's plea - sure:

a Tempo.

Weiss in dein Herz, du sü - sses Mein, ich
Dem blau - en Au - ge thu ich's kund: bin
and do I hear, my Jea - nie own, that
and by thy e'en, sae bon - nie blue, I

SOPRAN.

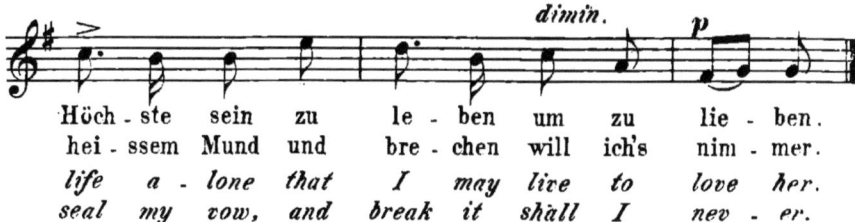

SOPRAN.

3.
Der wandernde Willie. (ALT.)
Wandering Willie.

H. J. Heintze.
R. Burns.

Andante amoroso.

1. Hier um-her, dort um-her, wan-dern-der Wil-lie,
2. Win-ter-sturm heul-te laut, als wir so schieden;
3. Stür-me, nun legt in der Höh-le euch schlafen,
4. Doch wenn ver-ges-sen er sein treu'-stes Annchen,

1. Here a-wa, there a-wa, wan-der-ing Wil-lie,
2. Win-ter-winds blew loud and cauld at our parting,
3. Rest, ye wild storms, in the cave o' your slumbers;
4. But oh, if he's faith-less, and minds na his Nan-nie,

keh-re zur Hei-math, wenn Leid du es bist.
nicht war's der Wind, der zu wei-nen mich trieb.
stört nicht durch To-ben des Lie-ben-den Lust.
trag' ihn dann, wo-gen-des Meer, nie her-bei!
now tired with wan-der-ing, haud a-wa hame;
fears for my Wil-lie brought tears in my e'e;
how your dread howl-ing a lov-er a-larms!
flow still be-tween us, thou wide-roar-ing main;

cresc.

Komm an mein Herz, du mein ein-zig Ge-lieb-ter,
Som-mer, will-kom-men nun! will-kom-men, Wil-lie!
Säu-seln, er-wa-che lind! sanft schwel-let, Wel-len!
Nie mag ich's se-hen, nie mag ich es glau-ben,
come to my bo-som, my ain on-ly dea-rie,
wel-come now, sim-mer, and wel-come, my Wil-lie, the
Wan-ken, ye breez-es, row gent-ly, ye bil-lows, and
may I ne'er see it, may I ne'er trow it, but

sag' mir, dass Wil-lie der al-te noch ist.
Som-mer den Flu-ren, mir Wil-lie, mein Lieb!
führt mir noch ein-mal mein Lieb an die Brust!
(pp) ster-bend noch den Ge-danken, dass Wil-lie mir treu!
tell me, thou bring'st me my Wil-lie the same.
sim-mer to na-ture, my Wil-lie to me!
waft my dear lad-die ance mair to my arms.
dy-ing be-lieve that my Wil-lie's my ain.

SOPRAN.

4.
John Anderson.
John Anderson, my jo.

F. Freiligrath.
R. Burns.

Andante, molto espressivo.

1. John An-der-son, mein Lieb, John, als
2. John An-der-son, mein Lieb, John, berg-
1. John An-der-son, my jo, John, when
2. John An-der-son, my jo, John, we

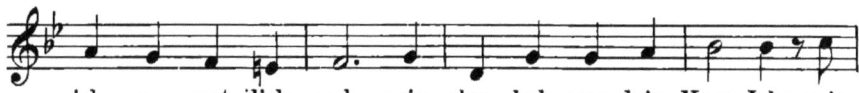

ich zu-erst dich sah, wie dun-kel war dein Haar, John, wie
auf stiegst du mit mir, und man-chen lust'-gen Tag, John, zu-
we were first ac-quent, your locks were like the ra-ven, your
clamb the hill the-gither, and monie a can-ty day, John, we've

glatt dein An-tlitz da. Schneeweiss ist jetzt dein Haar, John, dein
sam-men hat-ten wir. Nun geht's den Berg hin-ab, John, drum
bon-nie brow was brent; but now your brow is beld, John, your
had wi' ane an-ither; now we maun tot-ter down, John, but

Au-ge matt und trüb; doch Heil und Se-gen
komm, die Hand mir gieb; bald ruh'n in ei-nem
locks are like the snow; but bles-sings on your
hand in hand we'll go, and sleep the-gith-er

im-mer dir, John An-der-son, mein Lieb.
Gra-be wir, John An-der-son, mein Lieb.
fros-ty pow, John An-der-son, my jo.
at the foot, John An-der-son, my jo.

SOPRAN.

5.
Das Landmädchen.
Country Lassie.

Allegretto.   Karl Bartsch.
              R. Burns.

1. Im Som-mer war's, das Heu ge-mäht, das
2. Hast ja so man-chen Frei-ers-mann, und
3. Um John-nie aus dem Bus-kie-thal scher'
4. Leicht-sin-nig Ding, das Le-ben ist ein
5. O, Geld er-kauft mir Wald und Feld, und

1. In sim-mer, when the hay was mawn, and
2. It's ye hae woo-ers mo-nie ane, and,
3. For Joh-nie o' the Bus-kie-glen I
4. O, thought-less las-sie, life's a faught, the
5. O, gear will buy me rigs o' land, and

Korn im Fel-de wog-te grün, wenn blu-men-voll der
bist ja noch ein jun-ges Blut; wart' et-was noch, so
ich mich nicht und um sein Geld; er liebt nur Küh' und
stä-ter Kampf, ein stä-ter Streit; mit vol-ler Hand da
Geld er-kauft mir Schaf und Küh', al-lein ein lie-bend

corn wav'd green in il-ka field, while cla-ver blooms white
las-sie, ye're but young, ye ken; then wait a wee, and
din-na care a sin-gle flie; he lo'es sae weel his
can-niest gate, the strife is sair; but aye fu' han't is
gear will buy me sheep and kye; but the ten-der heart o'

Hü-gel steht, in je-dem Gar-ten Ro-sen blühn;
kriegst du dann die Hüll' und Fül-le Geld und Gut.
Korn zu-mal, zur Lieb' er kei-ne Zeit be-hält.
kämpft sich's gut, doch Hun-ger-sorg' ist bitt'-res Leid.
treu-es Herz kauft Sil-ber nicht trotz al-ler Müh'.

o'er the lea, and ro-ses blaw in il-ka bield;
can-nie wale a rou-thie but, a rou-thie ben;
craps and kye, he has nae luve to spare for me;
fech-tin best, and hun-gry care's an un-co care;
lee-some luve the gowd and sil-ler can-na buy:

SOPRAN.

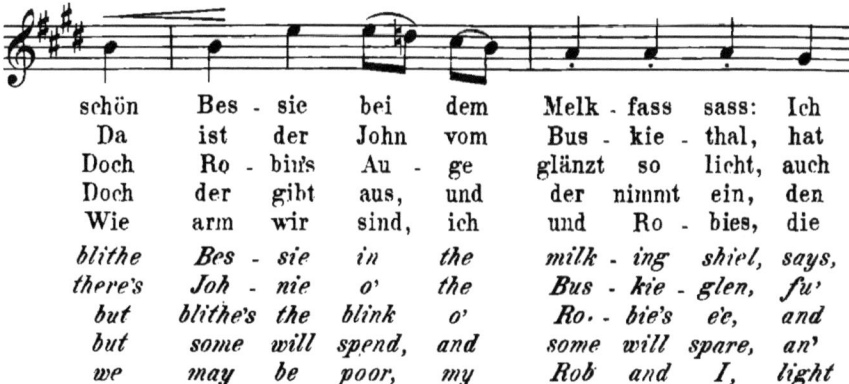

schön Bes-sie bei dem Melk-fass sass: Ich
Da ist der John vom Bus-kie-thal, hat
Doch Ro-bin's Au-ge glänzt so licht, auch
Doch der gibt aus, und der nimmt ein, den
Wie arm wir sind, ich und Ro-bies, die
blithe Bes-sie in the milk-ing shiel, says,
there's Joh-nie o' the Bus-kie-glen, fu'
but blithe's the blink o' Ro-bie's e'e, and
but some will spend, and some will spare, an'
we may be poor, my Rob and I, light

hei-rath' nun, komm wie es will. Da rieth ihr ei-ne
drei-ssig Küh', ein schö-nes Gut; den ü-ber-leg' dir
kenn' ich sei-ner Lie-be Glut; ein Blick von ihm, den
Ei-gen-sinn be-kehrt man nicht; und wie du's ein-brockst,
Last der Lie-be trägt sich schon, und Fried' und Freu-de
I'll be wed, come o't what will; out spake a dame in
is his barn, fu' is his byre; tak this frae me, my
weel I wat he lo'es me dear: ae blink o' him I
wil-fu' folk maun hae their will; syre as ye brew, my
is the bur-den luve lays on; con-tent and luve bring

Al-te bass: Sitz lie-ber noch ein Weil-chen still.
doch ein-mal: der Reich-thum schürt der Lie-be Glut.
gäb' ich nicht für Bus-kie-thal und all' sein Gut.
Mäg-de-lein, so musst du es-sen das Ge-richt.
fehlt uns nie_ hat mehr ein Kö-nig auf dem Thron?
wrin-kled eild, o' guid ad-vise-ment comes nae ill.
bon-nie hen, it's plen-ty beets the luv-ers fire.
wad na gie for Bus-kie-glen and a' his gear.
maid-en fair, keep mind that ye maun drink the yill.
peace and joy, what mair hae queens up-on a throne?

6.
Lord Gregory.
Altschottisch: „Ah ope, Lord Gregory, thy door."

A. v. Winterfeld.
R. Burns, nach Dr. Wolcot.

SOPRAN.

Ver - sto - ssen aus dem Va - ter -
Dort schwurst du mir und schwurst auf's
(*f*) O, ihr Dä - mo - nen die - ser
An ex - ile frae her fa - ther's
How af - ten didst thou pledge and
Ye must' - ring thun - ders from a -

haus, aus Ließ für dich al -
Neu', du seist auf e - wig
Nacht, weicht von dem Schlo - sse
ha', and a for lov - ing
vow, thou wad for aye be
bore, your will - ing vic - tim

lein; o zeig' mir Mit - leid, komm her -
mein! Mein zärt - lich Herz, so rein, so
hier! Du Gott, der ü - ber Al - le
thee; at least some pi - ty on me
mine! and my fond heart, it - sel' sae
see! but spare, and par - don my fause

aus, wenn's Lie - be nicht kann sein.
treu, kannt' noch nicht fal - schen Schein.
wacht, richt' zwi - schen dir und mir!
shaw, if lore it may na be.
true, it ne'er mis - trust - ed thine.
love, his wrangs to heav'n and me!

SOPRAN.

7a.
Mein Herz ist im Hochland.
My heart's in the Highlands.

F. Freiligrath.
R. Burns.

Moderato, con anima.

SOPRAN.

jag' ich das Roth-wild, da folg' ich dem Reh, mein
wo ich auch wan-dre und wo ich auch bin, nach den
Wäl-der, ihr Klip-pen, so grau und be-moos't, ihr
chas-ing the wild deer, and following the roe, my
ev-er I wan-der, wher-ev-er I rove, the
well to the fo-rests and wild-hang-ing woods, fare-

Herz ist im Hoch-land, wo im-mer ich geh'. Mein
Hü-geln des Hoch-lands steht all-zeit mein Sinn. Mein
Strö-me, die zor-nig durch Fel-sen ihr tos't. Mein
heart's in the Highlands, wher-ev-er I go. My
hills of the Highlands for ev-er I love. My
well to the tor-rents and loud-pour-ing floods. My

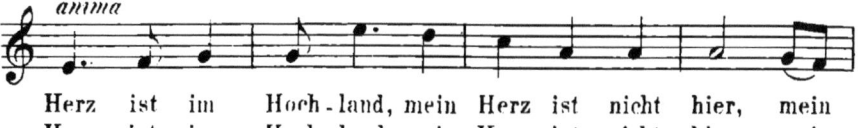

Herz ist im Hoch-land, mein Herz ist nicht hier, mein
Herz ist im Hoch-land, mein Herz ist nicht hier, mein
Herz ist im Hoch-land, mein Herz ist nicht hier, mein
heart's in the High-lands, and follow-ing the roe, my
heart's in the High-lands, and follow-ing the roe, my
heart's in the High-lands, and follow-ing the roe, my

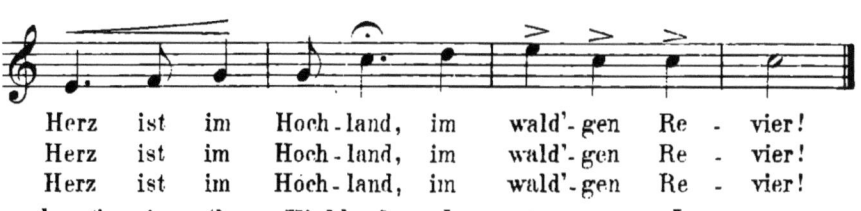

Herz ist im Hoch-land, im wald'-gen Re-vier!
Herz ist im Hoch-land, im wald'-gen Re-vier!
Herz ist im Hoch-land, im wald'-gen Re-vier!
heart's in the Highlands, wher-ev-er I go.
heart's in the Highlands, wher-ev-er I go.
heart's in the Highlands, wher-ev-er I go.

SOPRAN.

7♭
Mein Herz ist im Hochland.
My heart's in the Highlands.

Con anima.

1. Mein Herz ist im Hoch-land, mein Herz ist nicht
2. Mein Nor-den, mein Hoch-land, lebt wohl, ich muss
3. Lebt wohl, ihr Ge-bir-ge mit Häup-tern voll
1. My heart's in the High-lands, my heart is not
2. Fare-well to the High-lands, fare-well to the
3. Fare-well to the mountains, high co-ver'd with

hier, mein Herz ist im Hoch.-land, im wald'-gen Re-
ziehn, du Wie-ge von Al-lem, was stark und was
Schnee, ihr Schluch-ten, ihr Thä-ler, du schäu-men-der
here, my heart's in the Highlands a chas-ing the
North, the birth-place of va-lour, the coun-try of
snow, fare-well to the straths and green val-leys be-

vier! Da jag' ich das Roth-wild, da folg' ich dem
kühn! Doch wo ich auch wan-dre und wo ich auch
See; ihr Wäl-der, ihr Klip-pen, so grau und be-
deer; a chas-ing the wild deer, and follow-ing the
worth; wher-ev-er I wan-der, wher-ev-er I
low; fare-well to the fo-rests and wild-hang-ing

Reh, mein Herz ist im Hochland, wo im-mer ich geh.
bin, nach den Hü-geln des Hochlands steht all-zeit mein Sinn.
moost, ihr Strö-me, die zor-nig durch Fel-sen ihr tost.
roe, my heart's in the Highlands, wher-ev-er I go.
rove, the hills of the Highlands for ev-er I love.
woods, fare-well to the torrents and loud pouring floods.

SOPRAN.

8.
Marion.
(Alte Melodie.)

Felix Dahn.
Author unknown.

Andante amoroso.

1. (*p*) Willst du gehn zu dem Schaf-pferch,
2. (*f*) Oh, ein präch-ti-ges Kind ist
1. Will ye go to the ewe-bughts,
2. O, a bon-ny lass is

Ma-rion, die Läm-mer mir trei-ben zu? Die
Ma-rion, froh blickt ih-res Au-ges Schein, und
Ma-rion, and wear in the sheep wi' me? The
Ma-rion, the blithe blinks in her eye, and

Son-ne scheint so schön, mein' Ma-rion, doch
ger-ne nähm' zum Weib ich Ma-rion, wenn
sun shines so sweet, my Ma-rion, but
fain wad I mar-ry Ma-rion, gin

nicht halb so schön wie du, die Son-ne scheint so
sie möcht' mein Weib-chen sein, ja ger-ne nähm' zum
nae half sae sweet as thee, the sun shines so
Ma-rion wad mar-ry me, and fain wad I

schön, mein' Ma-rion, doch nicht halb so schön wie du.
Weib ich Ma-rion, wenn sie möcht' mein Weib-chen sein.
sweet, my Ma-rion, but nae half so sweet as thee.
mar-ry Ma-rion, gin Ma-rion wad mar-ry me.

9.
Die Ufer des Doon.
The banks o' Doon.

Karl Bartsch.
R. Burns.

Andantino.

1. Du U-fer-rand des schö-nen Doon, wie
2. Oft wan-dert' ich am schö-nen Doon, wo
1. Ye banks and braes o' bon-nie Doon, how
2. Aft hae I rov'd by bon-nie Doon, to

frisch und hold hier al-les blüht! Wie
'Ros' und Geis-blatt sich um-schlang; ein
can ye bloom sae fresh and fair; how
see the rose and wood-bine twine; and

könnt ihr Vög-lein sin-gen doch, und
je-der Vo-gel sang von Lieb, und
can ye chant, ye lit-tle birds, an'
il-ka bird sang o' its luve, and

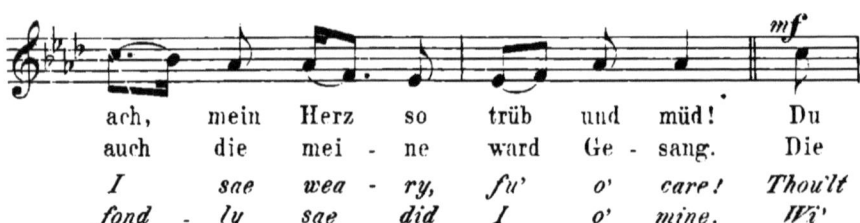

ach, mein Herz so trüb und müd! Du
auch die mei-ne ward Ge-sang. Die
I sae wea-ry, fu' o' care! Thou'lt
fond-ly sae did I o' mine. Wi'

SOPRAN.

schmet - ternd Vög - lein, das sich freut im
sü - sse Ro - se pfückt' ich ab vom
break my heart, thou war - bling bird, that
light - some heart I pu'd a rose, fu'

Blü - then - hag, machst es mir schwer; du
Dorn, das Herz voll Lie - bes - glück; die
wan - tons thro' the flow' - ring thorn: thou
sweet up - on its thor - ny tree; and

mahnst mich an ent - floh' - nes Glück, ent -
Ro - se stahl mein fal - sches Lieb und
minds me o' de - part - ed joys, de -
my fause luv - er stole my rose, but

flohn auf Nim - mer - wie - der - kehr!
liess mir, ach, den Dorn zu - rück.
part - ed, nev - er to re - turn.
ah! he left the thorn wi' me.

SOPRAN.

10.

Fahr wohl, du Strom.
Farewell, thou stream.

Felix Dahn.
R. Burns.

Andante espressivo.

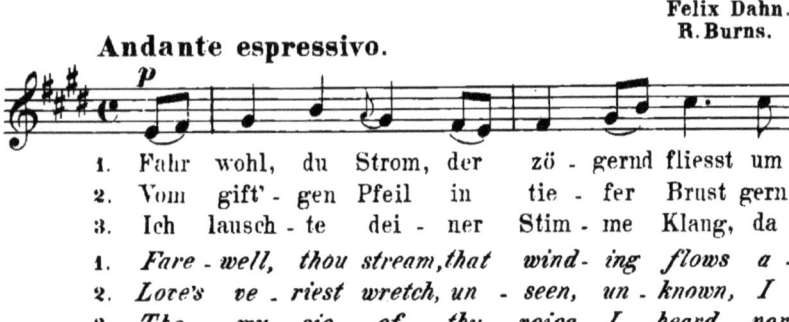

1. Fahr wohl, du Strom, der zö - gernd fliesst um
2. Vom gift' - gen Pfeil in tie - fer Brust gern
3. Ich lausch - te dei - ner Stim - me Klang, da
1. Fare - well, thou stream, that wind - ing flows a -
2. Love's ve - riest wretch, un - seen, un - known, I
3. The mu - sic of thy voice I heard, nor

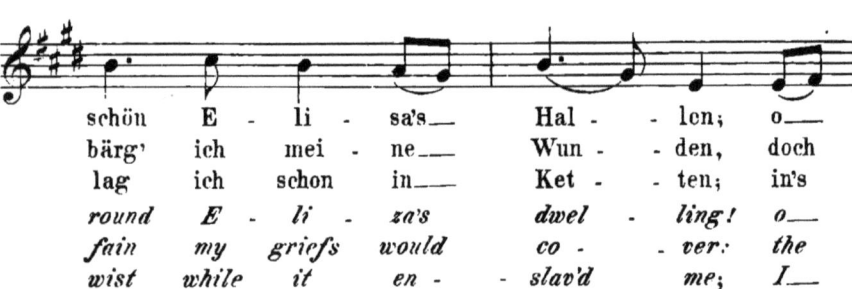

schön E - li - sa's Hal - len; o
bärg' ich mei - ne Wun - den, doch
lag ich schon in Ket - ten; in's
round E - li - za's dwel - ling! o
fain my griefs would co - ver: the
wist while it en - slav'd me; I

Sehn - sucht, glühn - de Flu - then giesst durch
Thrän' und Seuf - zer un - be - wusst ver -
Aug' dir sah ich oh - ne Bang kein
mem' - ry! spare the cru - el throes with -
burst - ing sigh, th'un - weet - ing groan, be -
saw thine eyes, yet no - thing fear'd, till

SOPRAN.

dieses Herz dein Wal - len. Mir
räth mich al - - ler Stun - den. Ich
Ban - gen auch konnt' ret - - ten. So
in my bo - - som swel - - ling: con -
tray the hap - less lov - - er. I
fears no more had sav'd me; th'un -

tönt ein e - wig Nein, ich weiss und
weiss, zum Glü - cke kannst du nun und
schaut der Schif - fer ah - nungs - los wie
demn'd to drag a hope less chain, and
know thou doom'st me to des - pair, nor
wa - - ry sai - lor thus a - ghast, the

kann dies Nein nicht fas - sen; in mei - nen A - dern
nim - mer mich er - he - ben; doch Eins, E - li - sa,
sich die Wol - ken ja - gen, bis plötz - lich in der
yet in se - cret lan - guish, to feel a fire in
wilt, nor canst re - lieve me; but oh, E - li - za,
wheel - ing tor - rent view - ing, 'mid cir - cling hor - rors

sie - det's heiss und soll's nicht ah - nen las - sen.
kannst du thun, du kannst, du musst ver - ge - ben!
Tie - fe Schooss der Blitz ihn schon ge - schla - gen.
ev' - ry vein, nor dare dis - close my an - guish.
hear one pray'r, for pi - ty's sake for - give me!
sinks at last in o - ver - whelming ru - in.

11.
Nanny ist fort.
My Nannie's awa.

Karl Bartsch.
R. Burns.

SOPRAN.   19

12.
Mein Colin.
My Colin.

Alte gaelische Melodie:
Chro Challin.

Andante, con molto espressione.   Ed. Zachariae.
                                                   Mrs. Grant.

1. Mein Co-lin, Ge-lieb-ter, mein theu-er-stes
2. Wer sah sol-che Far-ben von herr-lich-ster
3. Mein Lieb ist kein Hir-te mit blö-der Schal-
1. *My Co-lin, lov'd Co-lin, my Co-lin, my*
2. *So dap-pled, so va-ried, so beau-teous their*
3. *Their of-fers I hear, and their plen-ty I*

Gut, in wil-den Ge-bir-gen er-geht sich dein Muth.
Art, mit lieb-li-chen Far-ben be-zau-bernd ge-paart?
mei, mein Lieb ist der Jä-ger der Ber-ge so frei!
dear, who wont the wild mountains to trace with-out fear,
hue, so a-gile, so grace-ful, so charming to view;
see, but what are their wealth and their of-fers to me;

Wer hat sol-che Heer-den, die hur-tig da-
Nichts in des Ge-birgs un-er-mess-li-chem
Auf son-ni-gem Fels, am um-wal-de-ten
o, where are thy flocks, that so swift-ly re-
o'er all the wide fo-rest there's nought can com-
while the light-bounding roes and the wild mountain

hin wie schwingen-be-flü-gelt durch's Hai-de-land zieh'n?
Reich der mun-te-ren Schaar mei-nes Lieb-sten ist gleich!
See schaart ihm sich zur Freu-de der Hirsch und das Reh.
bound, and fly o'er the heath without touch-ing the ground?
peer with the light-bounding flocks of my Co-lin, my dear.
deer are the cat-tle of Co-lin, my hun-ter, my dear.

SCHOTTISCHE VOLKSLIEDER. HEFT I.

ALT.

1.
Abschied.
Farewell to Eliza.

A. v. Winterfeld.
R. Burns.

Lento, molto espressivo.

1. Von dir, E-li-se, muss ich gehn und mei-nem Heimath-
2. Leb wohl, leb wohl, Ge-lieb-te du,— o Mäd-chen hold und
1. *From thee, E-li-za, I must go,— and from my na-tive*
2. *Fare-well, farewell, E-li-za dear, the maid that I a-*

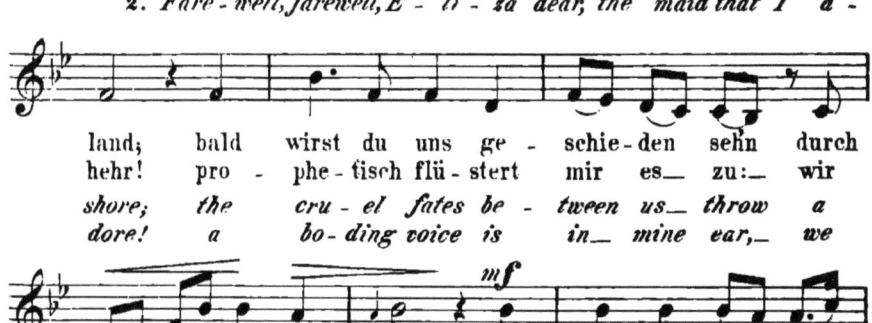

land; bald wirst du uns ge- schie-den sehn durch
hehr! pro- phe-tisch flü-stert mir es zu:— wir
shore; the cru-el fates be- tween us throw a
dore! a bo-ding voice is in mine ear,— we

rau-he Schicksals- hand, bald trennt der O- cean
se-hen uns nicht mehr! Den letz-ten Seuf-zer,
bound-less o-cean's roar; but bound-less o-ceans,
part to meet no more! The la-test throb that

weit und breit, mein Lieb-chen, dich von mir,— doch
wenn mich schier er- fasst des To-des Hand, den
roar-ing wide, be- tween my Love and me,— they
leaves my heart, while death stands vic-tor by,— that

wär' er noch ein- mal so breit, mein Herz bleibt doch bei dir.
letz-ten Seuf-zer send' ich dir als letz-tes Lie-bes-pfand!
nev-er, nev-er can di-vide my heart and soul from thee.
throb, E-li-za, is thy part, and thine that la-test sigh!

2.
Komm' her zu mir.
Come, let me take thee.

Ed. Zachariae.
R. Burns.

3.
Der wandernde Willie. (ALT.)
Wandering Willie.

H. J. Heintze.
R. Burns.

Andante amoroso.

1. Hier um - her, dort um - her, wan - dern - der Wil - lie,
2. Win - ter-sturm heul - te laut, als wir so schie-den;
3. Stür - me, nun legt in der Höh - le euch schla-fen,
4. Doch wenn ver - ges - sen er sein treu'-stes Ann-chen,

1. *Here a - wa, there a - wa, wan - der - ing Wil - lie,*
2. *Win - ter-winds blew loud and cauld at our part - ing,*
3. *Rest, ye wild storms, in the cave o' your slum-bers;*
4. *But oh, if he's faith - less, and minds na his Nan - nie,*

keh - re zur Hei - math, wenn Leid du es bist.
nicht war's der Wind, der zu wei - nen mich trieb.
stört nicht durch To - ben des Lie - ben - den Lust.
trag' ihn dann, wo - gen - des Meer, nie her - bei!

now tired with wan - der - ing, haud a - wa hame;
fears for my Wil - lie brought tears in my e'e;
how your dread howl - ing a lov - er a - larms!
flow still be - tween us, thou wide - roar - ing main;

cresc.

Komm an mein Herz, du mein ein - zig Ge - lieb - ter,
Som - mer, will - kom - men nun! will-kom - men, Wil - lie!
Säu - seln, er - wa - che lind! sanft schwellet, — Wel - len!
Nie mag ich's se - hen, nie mag ich es — glau - ben,

come to my bo - som, my ain on - ly — dea - rie,
wel - come now, sim - mer, and wel-come, my — Wil - lie, the
Wan - ken, ye breez - es, row gent - ly, ye — bil - lows, and
may I ne'er see it, may I ne'er trow it, but

sag' mir, dass Wil - lie der al - te noch ist.
Som - mer den Flu - ren, mir Wil - lie, mein Lieb!
führt mir noch ein - mal mein Lieb an die Brust!
(*pp*) ster - bend noch den - ken, dass Wil - lie mir treu!

tell me, thou bring'st me my Wil - lie the same.
sim - mer to na - ture, my Wil - lie to me!
waft my dear lad - die ance mair to my arms.
dy - ing be - lieve that my Wil - lie's my ain.

5.
Das Landmädchen.
Country Lassie.

Karl Bartsch.
R. Burns.

ALT.

schön	Bes -	sie	bei	dem	Melk - fass	sass:	Ich
Da	ist	der	John	vom	Bus - kie - thal,	hat
Doch	Ro -	bin's	Au - ge	glänzt	so	licht,	auch
Doch	der	gibt	aus,	und	der	nimmt	ein,	den
Wie	arm	wir	sind,	ich	und	Ro -	bie,	die
blithe	*Bes - sie*	*in*	*the*	*milk - ing shiel,*	*says,*
there's	*Joh - nie*	*o'*	*the*	*Bus - kie - glen,*	*fu'*
but	*blithe's the*	*blink*	*o'*	*Ro - bie's*	*e'e,*	*and*
but	*some*	*will*	*spend, and*	*some will spare,*	*an'*
we	*may*	*be*	*poor, my*	*Rob*	*and*	*I,*	*light*

hei - rath	nun, komm	wie es	will. Da	rieth ihr	ei - ne
drei - ssig	Küh', ein	schö - nes Gut;	den	ü - ber - leg'	dir
kenn' ich	sei - ner	Lie - be Glut;	ein	Blick von ihm, den
Ei - gen - sinn	be -	kehrt man nicht; und	wie du's ein - brockst,
Last der	Lie - be	trägt sich schon, und	Fried' und Freu - de
I'll	*be wed, come*	*o't what will; out*	*spake a dame in*
is	*his barn, fu'*	*is his byre; tak*	*this frae me, my*
weel I	*wat he*	*lo'es me dear;*	*ae*	*blink o' him I*
wil - fu'	*folk maun*	*hae their will; syne*	*as ye brew, my*
is	*the bur - den*	*luve lays on; con - tent and luve bring*

Al -	te bass: Sitz	lie - ber noch	ein	Weil - chen still.
doch ein -	mal: der	Reich - thum schürt	der	Lie - be Glut.
gäb'	ich nicht für	Bus - kie - thal	und	all' sein Gut.
Mäg - de -	lein, so	musst du es - sen	das Ge - richt.
fehlt uns nie	hat	mehr ein Kö - nig	auf dem Thron?
wrin - kled eild, o'	*guid ad - vise - ment*	*comes nae ill.*
bon - nie hen, it's	*plen - ty beets the*	*luv - ers fire.*
wad na gie for	*Bus - kie - glen and*	*a' his gear.*
maid - en fair, keep	*mind that ye maun*	*drink the yill.*
peace and joy, what	*mair hae queens up - - on*	*a throne?*

6.
Lord Gregory.

Altschottisch: „**Ah ope, Lord Gregory, thy door.**"

A. v. Winterfeld.
R. Burns, nach Dr. Wolcot.

Andante molto sostenuto.

1. Um Mit - ter - nacht in Schnee und Sturm schleich'
2. Lord Gre - go - ry, du kennst die Schlucht, den
(*mf*) 3. Hart ist dein Herz, Lord Gre - go - ry, und
1. *O mirk, mirk is this mid - night hour, and*
2. *Lord Gre - gory, mindst thou not the grove, by*
3. *Hard is thy heart, Lord Gre - go - ry, and*

ich zu dir hin - auf; 'ne jun - ge Maid sucht
Ir - win - fluss hin - ab? dort hast du mich so
hart ist dei - ne Brust, du schenkst des Mit - leid's
loud the tem - pest's roar; a wae - fu' wand'- rer
bon - nie Ir - wine side, where first I own'd that
flin - ty is thy breast: thou dart of heav'n that

dei - nen Thurm: Lord Gre - go - ry, mach auf!
süss ver - sucht, dass ich mich dir er - gab.
Bal - sam nie dem O - pfer dei - ner Lust!
seeks thy tow'r, Lord Gre - gory, ope thy door!
vir - gin love, I lang, lang had de - nied?
flash - est by, o will thou give me rest!

ALT.

ALT.

7a.

Mein Herz ist im Hochland.
My heart's in the Highlands.

F. Freiligrath.
R. Burns.

Moderato, con anima.

1. Mein Herz ist im Hoch-land, mein Herz ist nicht
2. Mein Nor - den, mein Hoch-land, lebt wohl, ich muss
3. Lebt wohl, ihr Ge - bir - ge mit Häup-tern voll
1. My heart's in the High-lands, my heart is not
2. Fare - well to the High-lands, fare - well to the
3. Fare - well to the moun-tains, high co - verd with

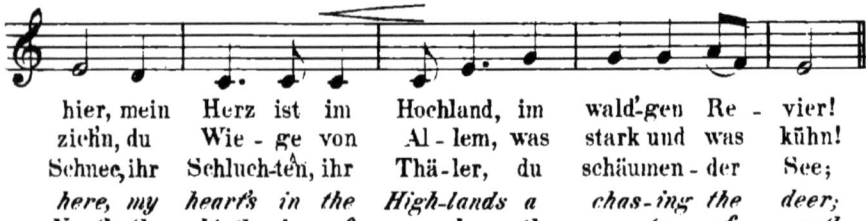

hier, mein Herz ist im Hochland, im wald'-gen Re - vier!
zieh'n, du Wie - ge von Al - lem, was stark und was kühn!
Schnee, ihr Schluch-ten, ihr Thä - ler, du schäumen-der See;
here, my heart's in the High-lands a chas-ing the deer;
North, the birth-place of va - lour, the coun-try of worth;
snow, fare - well to the straths and green val - leys be - low;

Da jag' ich das Roth-wild, da folg' ich dem
Doch wo ich auch wan - dre, und wo ich auch
ihr Wäl - der, ihr Klip - pen, so grau und be -
a chas - ing the wild deer, and following the
wher - ev - er I wan - der, wher - ev - er I
fare well to the fo - rests and wild-hang-ing

ALT.

Mein Herz ist im Hochland.
My heart's in the Highlands.

ALT.

8.
Marion.
(Alte Melodie.)

Felix Dahn.
Author unknown.

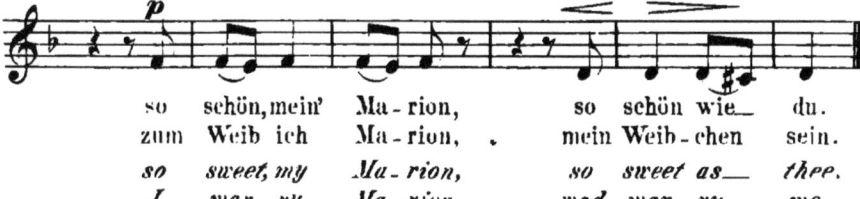

ALT.

9.
Die Ufer des Doon.
The banks o' Doon.

Karl Bartsch.
R. Burns.

Andantino.

1. Du U - fer - rand des
2. Oft wan - dert' ich am
1. Ye banks and braes o'
2. Aft hae I rov'd by

schö - nen Doon, wie frisch und hold hier
schö - nen Doon, wo Ros' und Geis - blatt
bon - nie Doon, how can ye bloom sae
bon - nie Doon, to see the rose and

al - les blüht! Wie könnt ihr Vög - lein
sich um - schlang; ein je - der Vo - gel
fresh and fair; how can ye chant, ye
wood - bine twine; and il - ka bird sang

sin - gen doch, und ach, mein Herz so trüb und müd!
sang von Lieb, und auch die mei - ne ward Ge - sang.
lit - tle birds, an' I sae wea - ry, ful o' care!
o' its luve, and fond - ly sae did I o' mine.

ALT.

Du schmet-ternd Vög-lein, das sich freut im
Die sü-sse Ro-se pflückt' ich ab vom
Thou'lt break my heart, thou war-bling bird, that
Wi' light-some heart I pu'd a rose, fu'

Blü-then-hag, machst es mir schwer; du
Dorn, das Herz voll Lie-bes-glück; die
wan-tons thro' the flow-ring thorn: thou
sweet up-on— its thor-ny tree; and

mahnst mich an— ent-floh-nes Glück, ent-
Ro-se stahl mein fal-sches Lieb— und
minds me o'— de-part-ed joys,— de-
my fause luv-er stole my rose,— but

flohn auf Nim-mer-wie-der-kehr!
liess mir, ach,— den Dorn— zu-rück.
part-ed, ner-er to— re-turn.
ah! he left— the thorn— wi' me.

ALT.

10.

Fahr wohl, du Strom.
Farewell, thou stream.

Felix Dahn.
R. Burns.

Andante espressivo.

1. Fahr wohl, du Strom, der zö-gernd fliesst um schön E - li - sa's Hal - len; o
2. Vom gift'-gen Pfeil in tie-fer Brust gern bärg' ich mei - ne Wun - den, doch
3. Ich lausch-te dei - ner Stim-me Klang, da lag ich schon in Ket - ten; in's
1. Fare - well, thou stream, that wind-ing flows a - round E - li - sa's dwel - ling! o
2. Love's ve - riest wretch, un - seen, un-known, I fain my griefs would co - ver: the
3. The mu - sic of thy voice I heard, nor wist while it en - slav'd me; I

Sehn - sucht, glüh'n - de Flu - then giesst durch
Thrän' und Seuf - zer un - be - wusst ver -
Aug' dir sah ich oh - ne Bang' kein
mem' - ry! spare the cru - el throes with -
burst - ing sigh, th'un - weet-ing groan, be -
saw thine eyes, yet no - thing fear'd, till

ALT.

die - ses	Herz	dein	Wal - - len.	Mir
räth	mich	al - ler	Stun - - den.	Ich
Ban - gen	auch	konnt'	ret - - ten.	So
in	*my*	*bo - som*	*swel - - ling:*	*con -*
tray	*the*	*hap - less*	*lov - - er.*	*I*
fears	*no*	*more had*	*sav'd___*	*me; th'un -*

tönt	ein	e - wig___	Nein, ich___	weiss und
weiss,	zum	Glü - cke___	kannst du___	nun und
schaut	der	Schif - fer___	ah - nungs - los	wie
demn'd	*to*	*drag a___*	*hope - less*	*chain, and*
know	*thou*	*doom'st me___*	*to des - pair,*	*nor*
wa - ry	*sai - lor___*	*thus a - ghast,*	*the*

kann dies Nein nicht	fas - sen; in___	mei - nen A - dern
nim - mer mich er -	he - ben; doch	Eins, E - li - sa,
sich die Wol - ken	ja - gen, bis___	plötz - lich in der
yet in se - cret	*lan - guish, to___*	*feel a fire in*
wilt, nor canst re -	*lieve me; but___*	*oh, E - li - za,*
wheel - ing tor - rent	*view - ing, 'mid___*	*cir - cling hor - rors*

sie - det's heiss und	soll's nicht ah - nen	las - sen.
kannst du thun, du	kannst, du musst ver -	ge - ben!
Tie - fe Schooss der	Blitz ihn schon ge -	schla - gen.
ev' - ry vein, nor	*dare dis - close my*	*an - guish.*
hear one pray'r, for	*pi - ty's sake for -*	*give me!*
sinks at last in	*o - ver - whelm - ing*	*ru - in.*

11.
Nannie ist fort.
My Nannie's awa.

Karl Bartsch.
R. Burns.

Molto moderato ed espressivo.

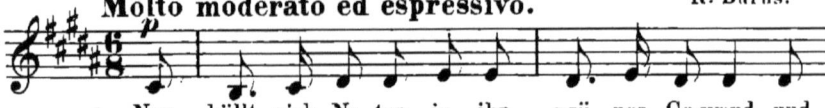

1. Nun hüllt sich Na-tur in ihr grü-nes Ge-wand und
2. Schnee-glöck-chen und Pri-mel, sie schmücken die Au, es
3. Du Ler-che, die flat-ternd vom thau-i-gen Plan ver-
4. Komm, sin-nen-der Herbst, denn in Gelb und in Grau, dass
1. *Now in her green man-tle blythe Na-ture ar-rays and*
2. *The snaw-drop and primrose our wood-lands a-dorn, and*

lau-schet den Lämm-chen am blu-mi-gen Strand; es
ba-den die Veil-chen sich mor-gens im Thau; sie
kün-det dem Schä-fer des Mor-gen-roth's Nah'n, du
ich die Na-tur, die ver-wel-ken-de, schau'; der
lis-tens the lamb-kins that bleat o'er the braes, while
vi-o-lets bathe in the weet o' the morn: they

zwitschern die Vö-gel am schat-ti-gen Ort, mich
ma-chen mich trau-rig, mich mahnt im-mer-fort ihr
Dros-sel, du a-bend-be-grü-ssen-de, dort, o
ei-si-ge Win-ter, wenn al-les ver-dorrt, kann
birds war-ble wel-come in il-ka green shaw; but to
pain my sad bo-som, sae sweet-ly they blaw, they

rallent. *mf a Tempo.*

kann es nicht freu-en denn Nan-nie ist fort, mich
Blü-hen an Nan-nie und Nan-nie ist fort, ihr
schweigt aus Er-bar-men denn Nan-nie ist fort, o
ein-zig mich freu-en denn Nan-nie ist fort, kann
me it's de-light-less, my Nan-nie's a-wa, but to
mind me o' Nan-nie, my Nan-nie's a-wa, they

kann es nicht freu-en denn Nan-nie ist fort.
Blü-hen an Nan-nie und Nan-nie ist fort.
schweigt aus Er-bar-men denn Nan-nie ist fort.
ein-zig mich freu-en denn Nan-nie ist fort.
me it's de-light-less, my Nan-nie's a-wa.
mind me o' Nan-nie, my Nan-nie's a-wa.

12.
Mein Colin.
My Colin.

Alte gaelische Melodie:
Chro Challin.

Ed. Zachariae.
Mrs. Grant.

Andante, con molto espressione.

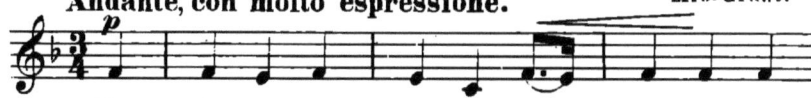

1. Mein Co-lin, Ge-lieb-ter, mein theu-er-stes
2. Wer sah sol-che Far-ben von herr-lich-ster
3. Mein Lieb ist kein Hir-te mit blö-der Schal-

1. *My Co-lin, lov'd Co-lin, my Co-lin, my*
2. *So dap-pled, so va-ried, so beau-teous their*
3. *Their of-fers I hear, and their plen-ty I*

Gut, in wil-den Ge-bir-gen er-geht sich dein Muth.
Art, mit lieb-li-chen Far-ben be-zau-bernd ge-paart?
mei, mein Lieb ist der Jä-ger der Ber-ge so frei!

dear, who wont the wild mountains to trace with-out fear;
hue, so a-gile, so grace-ful, so charming to view;
see, but what are their wealth and their of-fers to me;

Wer hat sol-che Heer-den, die hur-tig da-
Nichts in des Ge-birgs un-er-mess-li-chem
Auf son-ni-gem Fels, am um-wal-de-ten

o, where are thy flocks, that so swift-ly re-
o'er all the wide fo-rest there's nought can com-
while the light-bound-ing roes and the wild mountain

hin wie schwingen-be-flü-gelt durch's Hai-de-land ziehn?
Reich der mun-te-ren Schaar mei-nes Lieb-sten ist gleich!
See schaart ihm sich zur Freu-de der Hirsch und das Reh.

bound, and fly o'er the heath without touch-ing the ground?
peer with the light-bounding flocks of my Co-lin, my dear.
deer are the cat-tle of Co-lin, my hun-ter, my dear.

SCHOTTISCHE VOLKSLIEDER. HEFT I.
TENOR.
1.
Abschied.
Farewell to Eliza.

A.v.Winterfeld.
R.Burns.

Lento, molto espressivo.

1. Von dir, E - li - se, muss ich gehn und mei - nem Hei - math-
2. Leb' wohl, leb'wohl, Ge - lieb - te du, o Mäd - chen hold und
1. *From thee, E - li - za, I must go, and from my na - tive*
2. *Fare - well, farewell, E - li - za dear, the maid that I a -*

land; bald wirst du uns ge - schie - den seh'n durch
hehr! pro - phe - tisch flü - stert mir es zu; wir
shore; the cru - el fates be - tween us throw a
dore! a bo - ding voice is in mine ear, we

rau - he Schick-sal's - hand; bald trennt der O - cean
se - hen uns nicht mehr! Den letz - ten Seuf-zer,
boundless o - cean's roar; but boundless o - ceans,
part to meet no more! The la - test throb that

weit und breit, mein Lieb - chen, dich von mir, doch
wenn mich schier er - fasst des To - des Hand, den
roar - ing wide, be - tween my Love and me, they
leaves my heart, while death stands vic - tor by, that

wär' er noch ein - mal so breit, mein Herz bleibt doch bei dir.
'z-ten Seuf-zer send' ich dir als letz - tes Lie - bes - pfand!
ne - ver, ne - ver can divide my heart and soul from thee.
droh, E - li - za, is thy part, and thine that la - test sigh!

TENOR.

2.
Komm' her zu mir.
Come, let me take thee.

Ed. Zachariae.
R. Burns.

1. Komm' her zu mir an mei - ne Brust, für -
2. So halt' ich lind, du rei - zend Kind, mein
1. Come, let me take thee to my breast, and
2. Thus in my arms, wi' all thy charms, I

wahr, hier sollst du blei - ben; ver - ach - tet sei die
Klei - nod, dich um - wun - den; was frag' ich doch nach
pledge we ne'er shall sun - der; and I shall spurn as
clasp my count-less trea - sure; I'll seek nae mair o'

poco ritard.

eit - le Lust der Welt und all' ihr Trei - ben.
Him - meln noch im Rau - sche sol - cher Stun - den.
vi - lest dust the worlds_____ wealth and gran - deur:
heav'n to share, than sic a mo - ment's plea - sure:

a Tempo.

Weiss in dein Herz, du sü - sses Mein, ich
Dem blau - en Au - ge thu ich's kund: bin
and do I hear, my Jea - nie own, that
and by thy e'en, sae bon - nie blue, I

TENOR.

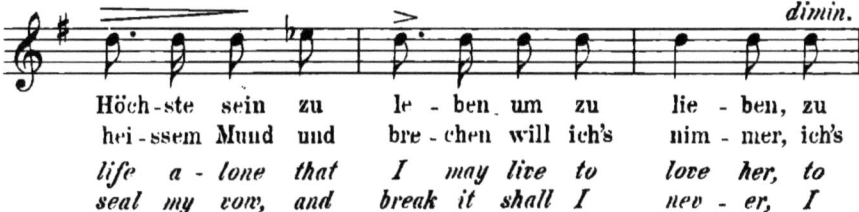

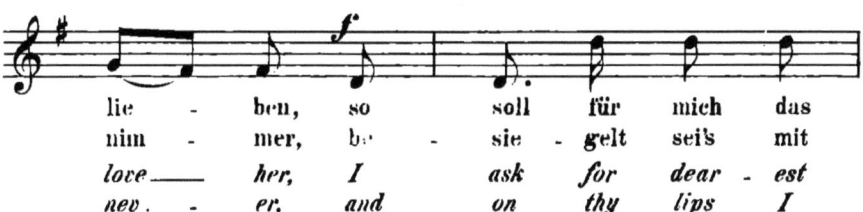

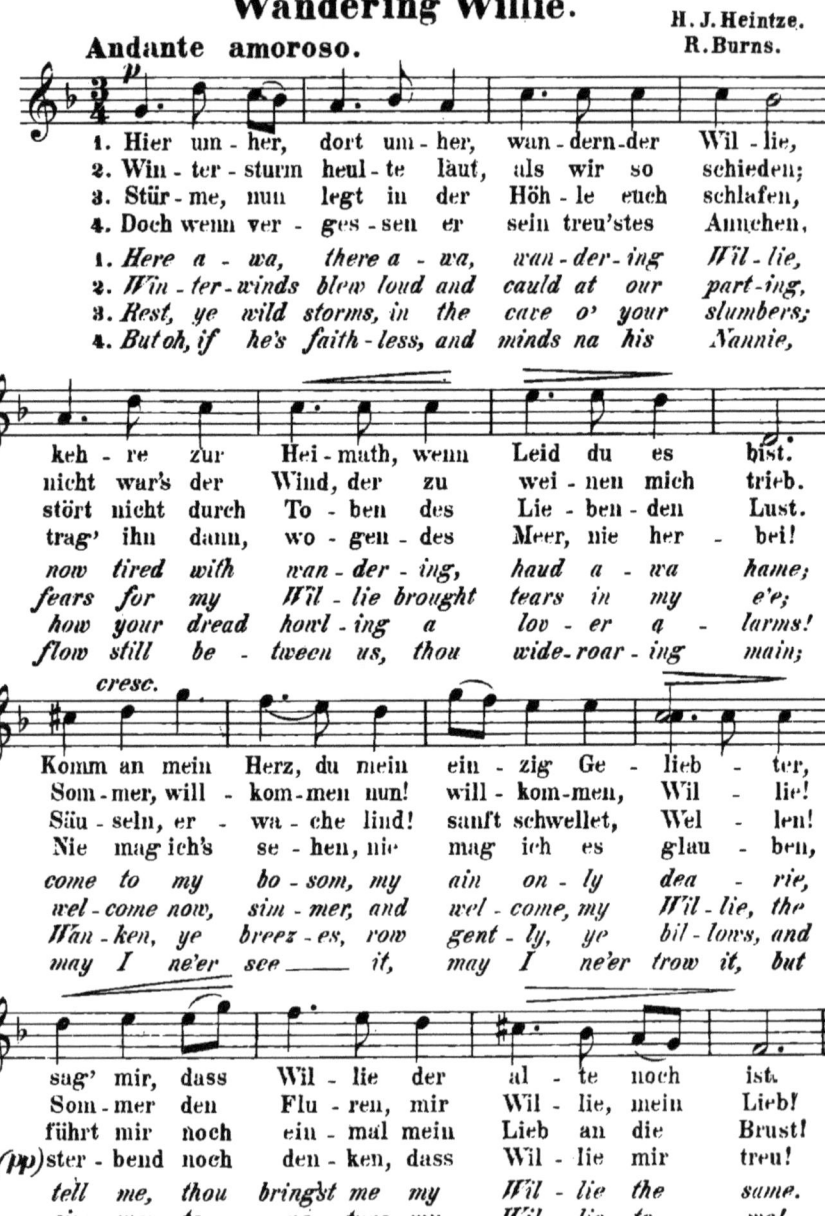

TENOR.

4.
John Anderson.
John Anderson, my jo.

F. Freiligrath.
R. Burns.

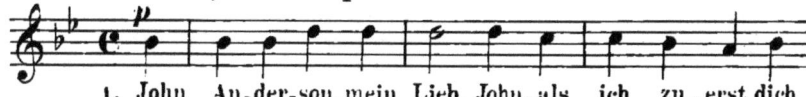

Andante, molto espressivo.

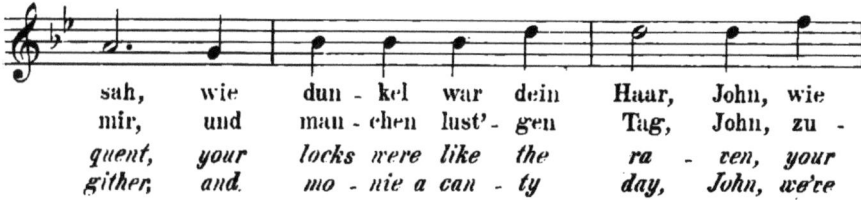

1. John An-der-son, mein Lieb, John, als ich zu-erst dich
2. John An-der-son, mein Lieb, John, berg-auf stiegst du mit
1. John An-der-son, my jo, John, when we were first ac-
2. John An-der-son, my jo, John, we clamb the hill the-

sah, wie dun-kel war dein Haar, John, wie
mir, und man-chen lust'-gen Tag, John, zu-
quent, your locks were like the ra-ven, your
gither, and mo-nie a can-ty day, John, we've

glatt dein An-tlitz da.— Schnee-weiss ist jetzt dein
sam-men hat-ten wir. Nun geht's den Berg hin-
bon-nie brow was brent; but now your brow is
had wi' ane an-ither; now we maun tot-ter

Haar, John, dein Au-ge matt und trüb; doch
ab, John, d'rum komm, die Hand mir gieb; bald
beld, John, your locks are like the snow; but
down, John, but hand in hand we'll go, and

Heil und Se-gen im-mer dir, John An-derson, mein Lieb.
ruhn in ei-nem Gra-be wir, John An-derson, mein Lieb.
bles-sings on your fros-ty pow, John An-derson, my jo.
sleep the-gither at the foot, John An-derson, my jo.

TENOR.

5.
Das Landmädchen.
Country Lassie.

Karl Bartsch.
R. Burns.

Allegretto.

1. Im Sommer war's, das Heu gemäht, das Korn im Felde wogte grün, wenn blumenvoll der Hügel steht, in jedem Garten Rosen blühn;
2. Hast ja so manchen Freiersmann, und bist ja noch ein junges Blut; wart' etwas noch, so kriegst du dann die Hüll' und Fülle Geld und Gut.
3. Um Johnnie aus dem Buskiethal scher' ich mich nicht und um sein Geld; er liebt nur Küh' und Korn zumal, zur Lieb' er keine Zeit behält.
4. Leichtsinnig Ding, das Leben ist ein stäter Kampf, ein stäter Streit; mit voller Hand da kämpft sich's gut, doch Hungersorg' ist bittres Leid.
5. O, Geld erkauft mir Wald und Feld, und Schaf' und Küh'. allein ein liebend treues Herz kauft Silber nicht trotz aller Müh'.

1. In simmer, when the hay was mawn, and corn wav'd green in ilka field, while claverblooms white o'er the lea, and
2. It's ye hae woo'ers monie ane, and, lassie, ye're but young,ye ken; then wait a wee, and cannie wale a
3. For Johnie o' the Buskieglen I dinna care a single flie; he lo'es sae weel his craps and kye, he
4. O, thoughtless lassie, life's a faught, the canniest gate, the strife is sair; but aye fu' hunt is fechtin best, and
5. O, gear will buy me rigs o' land, and gear will buy me sheep and kye: but the tender heart o' leesome luve the

o'er the lea, and ro-ses blaw in il-ka 'bield;
cannie wale a routhie but, a routhie ben:
craps and kye, he has nae luve to spare for me;
fechtin best, and hungry cares an un-co care:
leesome luve the gowd and silver canna buy:

TENOR.

schön	Bes - sie	bei	dem	Melk - fass	sass:	Ich	
Da	ist	der	John	vom	Bus - kie - thal,	hat	
Doch	Ro - bin's	Au - ge	glänzt	so licht,	auch		
Doch	der	gibt	aus,	und	der	nimmt ein,	den
Wie	arm	wir	sind,	ich	und	Ro - bie,	die
blithe	Bes - sie	in	the	milk - ing shiel,	says,		
there's	Joh - nie	o'	the	Bus - kie - glen,	fu'		
but	blithe's the	blink	o'	Ro - bie's e'e,	and		
but	some	will	spend, and	some	will spare,	an'	
we	may	be	poor, my	Rob	and I,	light	

hei - rath' nun,	komm wie	es	will. Da	rieth ihr	ei - ne		
dreissig Küh',	ein	schö - nes Gut;	den	ü - ber - leg' dir			
kenn' ich sei - ner	Lie - be Glut;	ein	Blick von	ihm, den			
Ei - gen-sinn	be - kehrt	man nicht;	und	wie du's	ein-brockst,		
Last der Lie - be	trägt sich schon,	und	Fried' und	Freu-de			
I'll be wed,	come o't	what will;	out	spake a	dame in		
is his barn,	fu'	is	his byre;	tak	this frae	me, my	
reel I wat	he	lo'es	me dear;	ae	blink o'	him I	
wil - fu' folk	maun	hae	their will;	syne	as ye	brew, my	
is the bur - den	luve	lays on;	con - tent and	luve bring			

Al - te bass:	Sitz	lie - ber noch	ein	Weil-chen	still.
doch ein - mal;	der	Reichthum schürt	der	Lie - be	Glut.
gäb' ich nicht	für	Bus - kie - thal	und	all' sein	Gut.
Mäg - de - lein,	so	musst du es - sen	das Ge - richt.		
fehlt uns nie —	hat	mehr ein	Kö - nig	auf dem	Thron?
wrin - kled eild,	o'	guid ad - vise - ment	comes nae	ill.	
bon - nie hen,	it's	plen - ty beets	the	luv - ers	fire.
wad na gie	for	Bus - kie - glen	and	a' his	gear.
maid - en fair,	keep	mind that ye	maun	drink the	yill.
peace and joy,	what	mair hae queens	up - on	a throne?	

TENOR.

6.
Lord Gregory.
Altschottisch: „**Ah ope. Lord Gregory, thy door.**"

A. v. Winterfeld.
R. Burns, nach Dr. Wolcot.

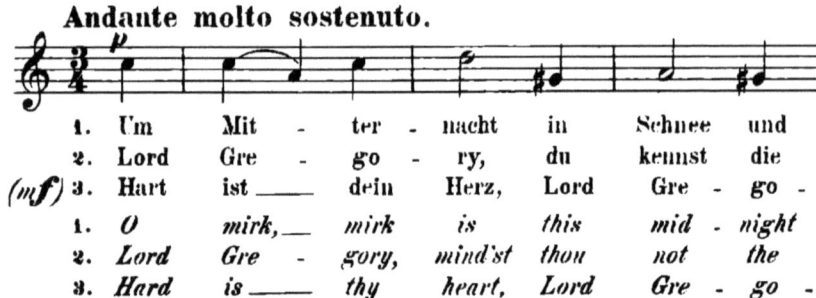

1. Um Mit - ter - nacht in Schnee und
2. Lord Gre - go - ry, du kennst die
3. Hart ist dein Herz, Lord Gre - go -

1. O mirk, mirk is this mid - night
2. Lord Gre - gory, mind'st thou not the
3. Hard is thy heart, Lord Gre - go -

Sturm schleich' ich zu dir hin - auf; 'ne
Schlucht, den Ir - win - fluss hin - ab? dort
ry, und hart ist dei - ne Brust, du

hour, and loud the tem - pest's roar; a
grove, by bon - nie Ir - wine side, where
ry, and flin - ty is thy breast: thou

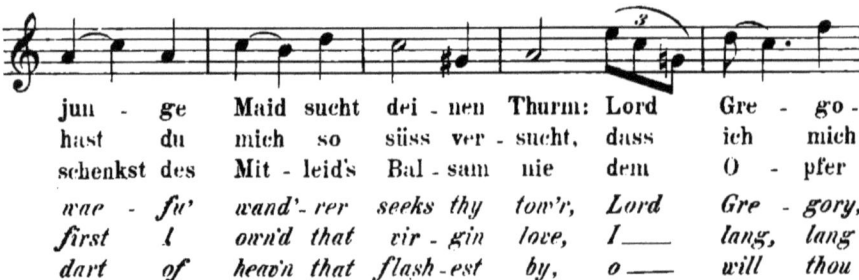

jun - ge Maid sucht dei - nen Thurm: Lord Gre - go -
hast du mich so süss ver - sucht, dass ich mich
schenkst des Mit - leid's Bal - sam nie dem O - pfer

wae - fu' wand'- rer seeks thy tow'r, Lord Gre - gory,
first I own'd that vir - gin love, I lang, lang
dart of heav'n that flash - est by, o will thou

TENOR.

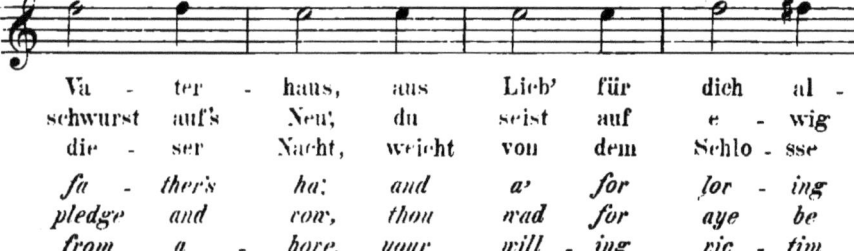

TENOR.

7ª
Mein Herz ist im Hochland.
My heart's in the Highlands.

F. Freiligrath.
R. Burns.

Moderato, con anima.

TENOR.

Reh, mein Herz ist im Hochland, wo
bin, nach den Hü-geln des Hochlands steht
moost, ihr Strö-me, die zor-nig durch
roe, my heart's in the Highlands, wher-
rove, the hills of the Highlands for
woods, fare-well to the tor-rents and

im-mer ich geh'. Mein Herz ist im
all-zeit mein Sinn. Mein Herz ist im
Fel-sen ihr tost. Mein Herz ist im
ev-er I go. My heart's in the
ev-er I love. My heart's in the
loud-pour-ing floods. My heart's in the

Hoch-land, mein Herz ist nicht hier, mein
Hoch-land, mein Herz ist nicht hier, mein
Hoch-land, mein Herz ist nicht hier, mein
High-lands, and follow-ing the roe, my
High-lands, and follow-ing the roe, my
High-lands, and follow-ing the roe, my

Herz ist im Hoch-land, im wald'-gen Re-vier!
Herz ist im Hoch-land, im wald'-gen Re-vier!
Herz ist im Hoch-land, im wald'-gen Re-vier!
hearts in the Highlands, wher-ev-er I go.
hearts in the Highlands, wher-ev-er I go.
hearts in the Highlands, wher-ev-er I go.

TENOR.

13

8.
Marion.

(Alte Melodie.)

Felix Dahn.
Author unknown.

Andante amoroso.

1. Willst du gehn zu dem Schafpferch, Marion, die
2. Oh, ein präch-ti-ges Kind ist Marion, froh
1. Will ye go to the ewe-bughts, Marion, and
2. O, a bon-ny lass is Marion, the

Lämmer mir trei-ben zu? mein'
blickt ih-res Au-ges Schein, ich
wear in the sheep wi' me? my
blithe— blinks in her eye, marry

Marion, doch nicht halb so schön wie du, die Sonn'scheint
Marion, wenn sie möcht'mein Weibchen sein, ich nähm' zum
Marion, but nae half sae sweet as thee, the sun shines
Marion, gin Marion wad mar-ry me, fain wad I

schön, mein' Marion, doch nicht so schön wie du.
Weib mein' Marion, möcht' sie mein Weib-chen sein.
sweet, my Marion, nae half so sweet as thee.
mar-ry Marion. gin she wad mar-ry me.

TENOR.

9.
Die Ufer des Doon.
The banks o' Doon.

Karl Bartsch.
R. Burns.

Andantino.

1. Du U - fer - rand des
2. Oft wan - dert' ich am
1. Ye banks and braes o'
2. Aft hae I rov'd by

schö - nen Doon, wie frisch und hold hier
schö - nen Doon, wo Ros' und Geis - blatt
bon - nie Doon, how can ye bloom sae
bon - nie Doon, to see the rose and

al - les blüht! Wie könnt ihr Vög - lein
sich um - schlang; ein je - der Vo - gel
fresh and fair; how can ye chant, ye
wood - bine twine; and il - ka bird sang

sin - gen doch, und ach, mein Herz so trüb und müd!
sang von Lieb', und auch die mei - ne ward Ge - sang.
litt - le birds, an' I sae wea - ry, fu' o' care!
o' its luve, and fond - ly sae did I o' mine.

TENOR.

Du schmetternd Vög - lein, das sich freut im
Die sü - sse Ro - se pflückt' ich ab vom
Thou'lt break my heart, thou warbling bird, that
Wi' light - some heart, I pu'd a rose, fu'

Blü - then - hag, machst es mir schwer;
Dorn, das Herz voll Lie - bes - glück;
wan - tons thro' the flow' - ring thorn;
sweet up - on its thor - ny tree;

du mahnst mich an ent - floh' - nes Glück, ent -
die Ro - se stahl mein fal - sches Lieb und
thou minds me o' de - part - ed joys, de -
and my fause luv - er stole my rose, but

floh'n auf Nim - mer - wie - der - kehr!
liess mir, ach, den Dorn zu - rück.
part - ed, nev - er to re - turn.
ah! he left the thorn wi' me.

TENOR.

10.
Fahr wohl, du Strom.
Farewell, thou stream.

Felix Dahn.
R. Burns.

Andante espressivo.

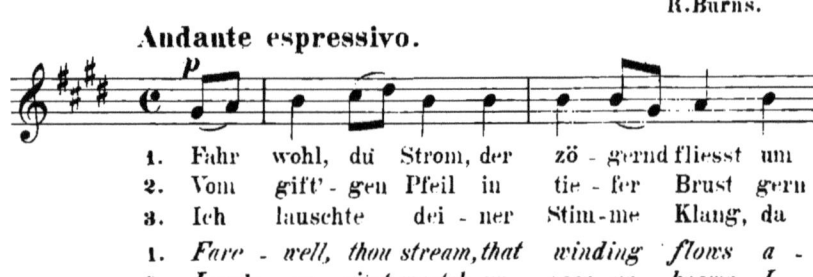

1. Fahr wohl, du Strom, der zö - gernd fliesst um
2. Vom gift' - gen Pfeil in tie - fer Brust gern
3. Ich lauschte dei - ner Stim-me Klang, da

1. Fare - well, thou stream, that winding flows a -
2. Love's ve - riest wretch, un - seen, un - known, I
3. The mu - sic of thy voice I heard, nor

schön E - li - sa's Hal - len; o
bürg' ich mei - ne Wun - den, doch
lag ich schon in Ket - ten; in's
round E - li - za's dwel - ling! o
fain my griefs would co - ver: the
wist while it en - slav'd me; I

Sehn - sucht, glüh'n - de Flu - then giesst durch
Thrän' und Seuf - zer un - be - wusst ver -
Aug' dir sah ich oh - ne Bang kein
mem' - ry! spare the cru - el throes with -
burst ing sigh, thun weet - ing groan, be
saw thine eyes, yet no - thing fear'd, till

TENOR.

TENOR.

12.
Mein Colin.
My Colin.

Alte gaelische Melodie:
Chro Challin.

Ed. Zachariae.
Mrs. Grant.

SCHOTTISCHE VOLKSLIEDER. HEFT I.
BASS.
1.
Abschied.
Farewell to Eliza.

A. v. Winterfeld.
R. Burns.

Lento, molto espressivo.

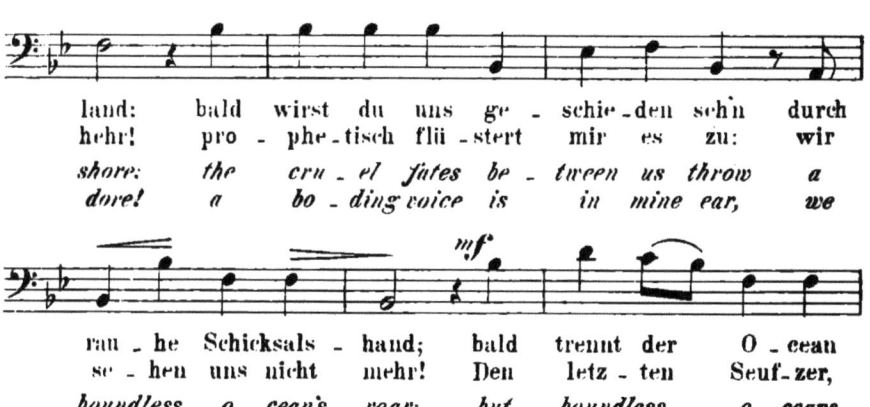

1. Von dir, E-li-se, muss ich gehn und mei-nem Heimath-
2. Leb' wohl, leb' wohl, Ge-lieb-te du, o Mäd-chen hold und

1. *From thee, E-li-za, I must go, and from my na-tive*
2. *Fare-well, farewell, E-li-za dear, the maid that I a-*

land: bald wirst du uns ge-schie-den sehn durch
hehr! pro-phe-tisch flü-stert mir es zu: wir
shore; the cru-el fates be-tween us throw a
dore! a bo-ding voice is in mine ear, we

rau-he Schicksals-hand; bald trennt der O-cean
se-hen uns nicht mehr! Den letz-ten Seuf-zer,
boundless o-cean's roar: but boundless o-ceans,
part to meet no more! The la-test throb that

weit und breit, mein Lieb-chen, dich von mir, doch
wenn mich schier er-fasst des To-des Hand, den
roar-ing wide, be-tween my Love and me, they
leaves my heart, while death stands vic-tor by, that

wär' er noch ein-mal so breit, mein Herz bleibt doch bei dir.
letzten Seufzer send' ich dir als letz-tes Lie-bes-pfand!
nev-er, nev-er can di-vide my heart and soul from thee.
throb, E-li-za, is thy part, and thine that la-test sigh!

2.
Komm' her zu mir.
Come, let me take thee.

Ed. Zachariae.
R. Burns.

BASS.

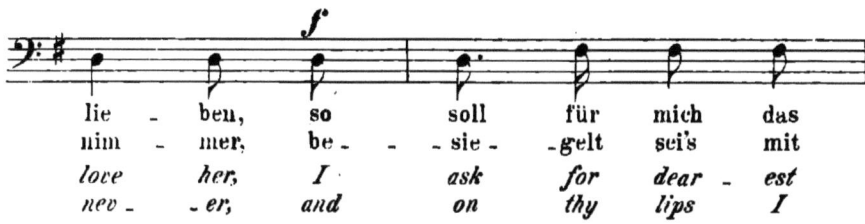
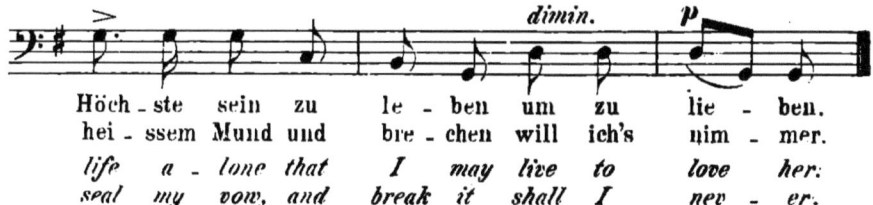

BASS.

3.
Der wandernde Willie. (ALT.)
Wandering Willie.

H. J. Heintze.
R. Burns.

Andante amoroso.

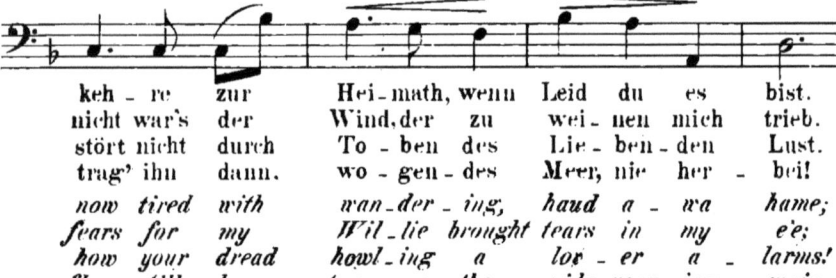

1. Hier um-her, dort um-her, wandern-der Wil-lie,
2. Win-ter-sturm heul-te laut, als wir so schie-den;
3. Stür-me, nun legt in der Höh-le euch schla-fen,
4. Doch wenn ver-ges-sen er sein treu'stes Ännchen,

1. *Here a-wa, there a-wa, wan-der-ing Wil-lie*
2. *Win-ter-winds blew loud and cauld at our part-ing;*
3. *Rest, ye wild storms, in the care o' your slumbers;*
4. *But oh, if he's faith-less, and minds na his Nan-nie.*

keh-re zur Hei-math, wenn Leid du es bist.
nicht war's der Wind, der zu wei-nen mich trieb.
stört nicht durch To-ben des Lie-ben-den Lust.
trag' ihn dann, wo-gen-des Meer, nie her-bei!

now tired with wan-der-ing, haud a-wa hame;
fears for my Wil-lie brought tears in my e'e;
how your dread howl-ing a lov-er a-larms!
flow still be-tween us, thou wide-roar-ing main;

cresc.

Komm an mein Herz, du mein ein-zig Ge-lieb-ter,
Som-mer, will-kom-men nun! will-kom-men, Wil-lie!
Säu-seln, er-wa-che lind! sanft schwellet, Wel-len!
Nie mag ich's se-hen, nie mag ich es glau-ben,

come to my bo-som, my ain on-ly dea-rie,
wel-come now, sim-mer, and wel-come, my Willie, the
Wan-ken, ye breez-es, row gent-ly, ye billows, and
may I ne'er see it, may I ne'er trow it, but

sag' mir, dass Wil-lie der al-te noch ist.
Som-mer den Flu-ren, mir Wil-lie, mein Lieb!
führt mir noch ein-mal mein Lieb an die Brust!
(pp) ster-bend noch den-ken, dass Wil-lie mir treu!

tell me, thou bringst me my Wil-lie the same.
sim-mer to na-ture, my Wil-lie to me!
waft my dear lad-die ance mair to my arms.
dy-ing be-lieve that my Wil-lie's my ain.

BASS.

4.
John Anderson.
John Anderson, my jo.

F. Freiligrath.
R. Burns.

Andante, molto espressivo.

1. John An-der-son, mein Lieb, John, als
2. John An-der-son, mein Lieb, John, berg-
1. *John An-der-son, my jo, John, when*
2. *John An-der-son, my jo, John, we*

ich zu-erst dich sah, wie dun-kel war dein Haar, John, wie
auf stiegst du mit mir, und manchen lust'gen Tag, John, zu-
we were first ac-quent, your locks were like the ra-ven, your
clamb the hill the-gither, and monie a can-ty day, John, we've

glatt dein An-tlitz da. Schnee-weiss ist jetzt dein
sam-men hat-ten wir. Nun geht's den Berg hin-
bon-nie brow was brent: but now your brow is
had wi' ane an-ither: now we maun tot-ter

Haar, John, dein Au-ge matt und trüb; doch Heil und Se-gen
ab, John, drum komm, die Hand mir gieb; bald ruh'n in ei-nem
beld, John, your locks are like the snow; but blessings on your
down, John, but hand in hand we'll go, and sleep the-gith-er

im-mer dir, John An-der-son, mein Lieb.
Gra-be wir, John An-der-son, mein Lieb.
fros-ty pow, John An-der-son, my jo.
at the foot, John An-der-son, my jo.

5.
Das Landmädchen.
Country Lassie.

Karl Bartsch.
R. Burns.

1. Im Sommer war's, das Heu gemäht, das Korn im Felde wogte grün, wenn blumenvoll der Hügel steht, in jedem Garten Rosen blühn;
2. Hast ja so manchen Freiersmann, und bist ja noch ein junges Blut; wart' etwas noch, so kriegst du dann die Hüll' und Fülle Geld und Gut.
3. Um Johnnie aus dem Buskiethal scher' ich mich nicht und um sein Geld; er liebt nur Küh' und Korn zumal, zur Lieb' er keine Zeit behält.
4. Leichtsinnig Ding, das Leben ist ein stäter Kampf, ein stäter Streit; mit voller Hand da kämpft sich's gut, doch Hungersorg' ist bitt'res Leid.
5. O, Geld erkauft mir Wald und Feld, und Schaf' und Küh', allein ein liebend treues Herz kauft Silber nicht trotz aller Müh.

1. In simmer, when the hay was mawn, and corn wav'd green in ilka field, while claver blooms white o'er the lea, and roses blaw in rou-thie bield;
2. It's ye hae wooers mo-nie ane, and, las-sie, ye're but young, ye ken: then wait a wee, and cannie wale a rou-thie hen-
3. For Johnie o' the Buskie-glen I dinna care a single flie; he lo'es sae weel his craps and kye, he has nae luve to spare for m-
4. O, thoughtless lassie, life's a faught, the canniest gate, the strife is sair; but aye fu' han't is fechtin best, and hungry care's an un-co care:
5. O, gear will buy me rigs o' land, and gear will buy me sheep and kye: but the tender heart o' lee-some luve the gowd and sil-ler can-na by

BASS.

schön	Bes -	sie	bei	dem	Melk - fass	sass:	Ich
Da	ist	der	John	vom	Bus - kie - thal,	hat
Doch	Ro -	bin's	Au -	ge	glänzt	so	licht,	auch
Doch	der	gibt	aus,	und	der	nimmt	ein,	den
Wie	arm	wir	sind,	ich	und	Ro -	bie,	die
blithe	*Bes -*	*sie*	*in*	*the*	*milk -*	*ing shiel,*	*says,*
there's	*Joh -*	*nie*	*o'*	*the*	*Bus - kie - glen,*	*fu'*
but	*blithe's*	*the*	*blink*	*o'*	*Ro - bie's*	*e'e,*	*and*
but	*some*	*will*	*spend,*	*and*	*some will*	*spare,*	*an'*
we	*may*	*be*	*poor,*	*my*	*Rob*	*and*	*I,*	*light*

hei - rath'	nun, komm	wie es	will. Da	rieth	ihr	ei - ne
drei - ssig	Küh, ein	schö - nes	Gut; den	ü - ber - leg'	dir
kenn' ich	sei - ner	Lie - be	Glut; ein	Blick von ihm, den
Ei - gen - sinn	be - kehrt man	nicht; und	wie du's einbrockst,
Last der	Lie - be	trägt sich	schon, und	Fried' und Freude
I'll be	*wed, come*	*o't what*	*will; out*	*spake a dame in*
is his	*barn, fu'*	*is his*	*byre; tak*	*this frae me, my*
weel I	*wat he*	*lo'es me*	*dear: ae*	*blink o' him I*
wil - fu'	*folk maun*	*hae their*	*will; syre*	*as ye brew, my*
is the	*bur - den*	*luve lays*	*on; con -*	*tent and luve bring*

Al - te	bass: Sitz	lie - ber noch ein	Weil - chen still.
doch ein - mal: der	Reichthum schürt der	Lie - be Glut.
gäb' ich nicht für	Bus - kie - thal und	all' sein Gut.
Mäg - de - lein, so	musst du es - sen	das Ge - richt.
fehlt uns nie - hat	mehr ein Kö - nig	auf dem Thron?
wrin - kled eild,	*o' guid ad - vise - ment*	*comes nae ill.*
bon - nie hen,	*it's plen - ty beets the*	*luv - ers fire.*
wad na gie for	*Bus - kie - glen and*	*a' his gear.*
maid - en fair, keep	*mind that ye maun*	*drink the yill.*
peace and joy,	*what mair hae queens up -*	*on a throne?*

BASS.

6.
Lord Gregory.

Altschottisch: „**Ah ope, Lord Gregory, thy door.**"

Andante molto sostenuto.

A. v. Winterfeld.
R. Burns, nach Dr. Wolcot.

1. Um Mit - ter - nacht in Schnee und Sturm schleich' ich zu dir hin - auf; 'ne jun - ge
2. Lord Gre - go - ry, du kennst die Schlucht, den Ir - win - fluss hin - ab? dort hast du
3. Hart ist dein Herz, Lord Gre - go - ry, und hart ist dei - ne Brust, du schenkst des

1. O mirk, mirk is this mid - night hour, and loud the tem - pests roar; a wae - fu'
2. Lord Gre - gory, mind'st thou not the grove, by bon - nie Ir - wine side, where first I
3. Hard is thy heart, Lord Gre - go - ry, and flin - ty is thy breast thou dart of

Maid sucht dei - nen Thurm: Lord Gre - go - ry, mach auf!
mich so süss ver - sucht, dass ich mich dir er - gab.
Mit - leid's Bal - sam nie dem O - pfer dei - ner Lust!

wand'rer seeks thy tow'r, Lord Gre - gory. ope thy door!
own'd that vir - gin love, I lang, lang had de - nied?
heav'n that flashest by, o will thou give me rest!

BASS.

Ver - - sto - ssen aus — dem Va - ter -
Dort schwurst du mir — und schwurst auf's
(f) O, ihr — Dä - - mo - - nen die - ser
An ex - ile frae — her fa - ther's
How af - ten didst — thou pledge and
Ye must' - ring thun - ders from a -

haus, aus Lieb' für ——— dich al -
Neu! du seist auf ——— e - wig
Nacht, weicht von dem ——— Schlo - sse
ha', and a' for ——— lov - ing
ron, thou wad for ——— aye be
bove, your will - ing ——— vic - tim

lein; o zeig' mir Mit - leid, komm her -
mein! Mein zärt - lich Herz, so rein, so
hier! Du Gott, der ü - ber Al - le
thee; at least some pi - ty on me
mine! and my fond heart, it - sel' sae
sve! but spare, and par - don my fause

aus, wenn's Lie - be nicht kann sein!
treu, kannt' noch nicht — fal - schen Schein.
wacht, richt' noch zwi - schen — dir und mir!
shaw, if love it ——— may na be.
true, it ne'er mis - - trust - ed thine.
love, his wrangs to ——— heav'n and me!

7ª.

Mein Herz ist im Hochland.
My heart's in the Highlands.

F. Freiligrath.
R. Burns.

Moderato, con anima.

1. Mein Herz ist im Hoch-land, mein
2. Mein Nor-den, mein Hoch-land, lebt
3. Lebt wohl, ihr Ge-bir-ge mit

1. My heart's in the High-lands, my
2. Fare-well to the High-lands, fare-
3. Fare-well to the moun-tains, high

Herz ist nicht hier mein Herz ist im
wohl, ich muss ziehn, du Wie-ge von
Haup-tern voll Schnee, ihr Schluch-ten, ihr

heart is not here, my heart's in the
well to the North, the birth-place of
co-ver'd with snow, fare-well to the

Hoch-land, im wald'-gen Re-vier! Da
Al-lem, was stark und was kühn! Doch
Thä-ler, du schön-men-der See; ihr

High-lands a chas-ing the deer; a
va-lour, the coun-try of worth; where
straths and green val-leys be-low; fare-

BASS.

jag' ich das Roth-wild, da folg' ich dem Reh, mein
wo ich auch wan-dre und wo ich auch bin, nach den
Wäl-der, ihr Klip-pen, so grau und be-moost, ihr
chas-ing the wild deer, and following the roe, my
ev-er I wan-der, wher-er-er I rove, the
well to the fo-rests and wild-hang-ing woods, fare-

Herz ist im Hochland, wo im-mer ich geh'. Mein
Hü-geln des Hochlands steht all-zeit mein Sinn. Mein
Strö-me, die zor-nig durch Fel-sen ihr tost. Mein
heart's in the Highlands, wher-er-er I go. My
hills of the Highlands for ev-er I love. My
well to the tor-rents and loud-pour-ing floods. My

Herz ist im Hochland, mein Herz ist nicht hier, mein
Herz ist im Hochland, mein Herz ist nicht hier, mein
Herz ist im Hochland, mein Herz ist nicht hier, mein
heart's in the Highlands, and following the roe, my
heart's in the Highlands, and following the roe, my
heart's in the Highlands, and following the roe, my

Herz ist im Hoch-land, im wald'-gen Re-vier!
Herz ist im Hoch-land, im wald'-gen Re-vier!
Herz ist im Hoch-land, im wald'-gen Re-vier!
heart's in the Highlands, wher-ev-er I go.
heart's in the Highlands, wher-ev-er I go.
heart's in the Highlands, wher-ev-er I go.

BASS.

7♭
Mein Herz ist im Hochland.
My heart's in the Highlands.

Con anima.

1. Mein Herz ist im Hoch-land, mein Herz ist nicht
2. Mein Nor-den, mein Hoch-land, lebt wohl, ich muss
3. Lebt wohl, ihr Ge-bir-ge mit Häup-tern voll

1. My heart's in the Highlands, my heart is not
2. Fare-well to the Highlands, fare-well to the
3. Fare-well to the mountains, high co-ver'd with

hier, mein Herz ist im Hoch-land, im wald'gen Re-
ziehn, du Wie-ge von Al-lem, was stark und was
Schnee, ihr Schluchten, ihr Thä-ler, du schäu-men-der

here, my heart's in the Highlands a chas-ing the
North, the birthplace of va-lour, the coun-try of
snow, fare-well to the straths and green val-leys be-

vier! Da jag ich das Rothwild, da folg' ich dem
kühn! Doch wo ich auch wand-re und wo ich auch
See; ihr Wäl-der, ihr Klip-pen, so grau und be-

deer; a chas-ing the wild deer, and following the
worth; wher-ev-er I wander, wher-ev-er I
low; fare-well to the fo-rests and wild hang-ing

f

Reh, mein Herz ist im Hochland, wo im-mer ich geh'.
bin, nach den Hü-geln des Hochlands steht all-zeit mein Sinn.
moost, ihr Strö-me, die zor-nig durch Fel-sen ihr tost.

roe, my heart's in the Highlands, wher-ev-er I go.
rore, the hills of the Highlands for ev-er I love.
woods, fare-well to the tor-rents and loud-pour-ing floods.

BASS. 13

8.
Marion.
(Alte Melodie.)

Felix Dahn.
Author unknown.

Andante amoroso.

BASS.

9.
Die Ufer des Doon.
The banks o' Doon.

Andantino.　　　　　　　　　　　Karl Bartsch.
　　　　　　　　　　　　　　　　　R. Burns.

1. Du U - fer - rand des schö - nen Doon, wie
2. Oft wan - dert' ich am schö - nen Doon, wo
1. Ye banks and braes o' bon - nie Doon, how
2. Aft hae I rov'd by bon - nie Doon, to

frisch und hold hier al - les blüht! Wie
Ros' und Geis - blatt sich um - schlang; ein
can ye bloom sae fresh and fair; how
see the rose and wood - bine twine; and

könnt ihr Vög - lein sin - gen doch, und
je - der Vo - gel sang von Lieb, und
can ye chant, ye litt - le birds, an'
il - ka bird sang o' its luve, and

ach,— mein Herz so trüb und müd!
auch— die mei - ne ward Ge - sang.
I— sae wea - ry, fu' o' care!
fond - ly sae did I o' mine.

BASS.

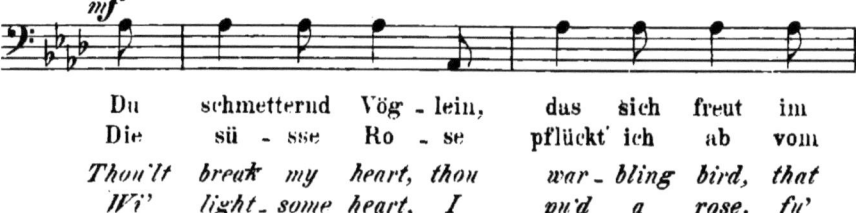

BASS.

10.

Fahr wohl, du Strom.
Farewell, thou stream.

Felix Dahn.
R. Burns.

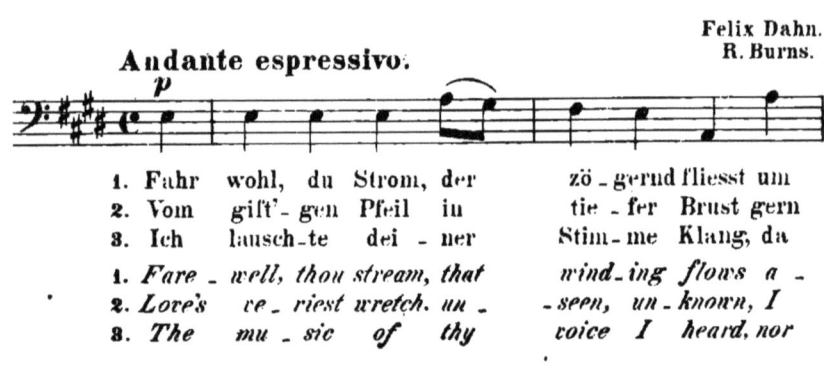

1. Fahr wohl, du Strom, der zö-gernd fliesst um
2. Vom gift'-gen Pfeil in tie-fer Brust gern
3. Ich lausch-te dei-ner Stim-me Klang, da
1. Fare- well, thou stream, that wind-ing flows a-
2. Love's ve- riest wretch. un- -seen, un-known, I
3. The mu-sic of thy voice I heard, nor

schön— E - li - sa's Hal - len; o
bärg'— ich mei - ne Wun - den, doch
lag— ich schon in Ket - ten; in's
round— E - li - za's dwel - ling! o
fain— my griefs would co - ver: the
wist— while it en - slav'd me; I

Sehn - sucht, glüh'n - de Flu - then giesst durch
Thrän' und Seuf - zer un - be - wusst ver -
Aug' dir sah' ich oh - ne Bang— kein
mem'- ry! spare the cru - el throes with -
burst- ing sigh, th'un - weet - ing groan, be -
saw thine eyes, yet no - thing fear'd, till

BASS.

die - ses	Herz	dein	Wal - len.	Mir
räth mich	al - - - ler	Stun - den.	Ich
Ban - gen	auch	konnt'	ret - ten.	So
in my	*bo - - som*	*swel - ling:*	*con -*
tray the	*hap - - less*	*lov - er.*	*I*
fears no	*more*	*had*	*sav'd me;*	*th'un -*

tönt ein	e - wig	Nein,	ich weiss	und
weiss, zum	Glü - cke	kannst du	nun	und
schaut der	Schif - fer	ah - nungs - los	wie
demn'd to	*drag a*	*hope - less*	*chain, and*
know thou	*doom'st me*	*to des - pair,*	*nor*
wa - ry	*sai - lor*	*thus a - ghast,*	*the*

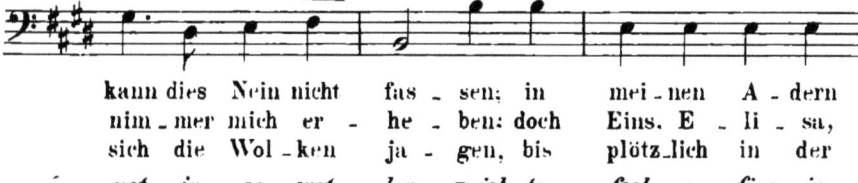

kann dies Nein nicht	fas - sen; in	mei - nen A - dern
nim - mer mich er -	he - ben; doch	Eins. E - li - sa,
sich die Wol - ken	ja - gen, bis	plötz-lich in der
yet in se - cret	*lan - guish, to*	*feel a fire in*
wilt, nor canst re -	*lieve me; but*	*oh, E - li - za,*
wheel - ing tor - rent	*view - ing, 'mid*	*cir - cling hor - rors*

sie - det's heiss und	soll's nicht ah - nen	las - sen.
kannst du thun. du	kannst. du musst ver -	ge - ben!
Tie - fe Schooss der	Blitz ihn schon ge -	schla - gen.
ev' - ry vein, nor	*dare dis - close my*	*an - guish.*
hear one pray'r, for	*pi - ty's sake for -*	*give me!*
sinks at last in	*o - ver - whelm - ing*	*ru - in.*

11.
Nanny ist fort.
My Nannie's awa.

Karl Bartsch.
R. Burns.

Molto moderato ed espressivo.

BASS. 19

12.
Mein Colin.
My Colin.

Alte gaelische Melodie:
Chro Challin.

Ed. Zachariae.
Mrs. Grant.

Andante, con molto espressione.

1. Mein Co-lin, Ge-lieb-ter, mein theu-er-stes
2. Wer sah sol-che Far-ben von herr-lich-ster
3. Mein Lieb ist kein Hir-te mit blö-der Schal-
1. *My Co-lin, lov'd Co-lin, my Co-lin, my*
2. *So dap-pled, so va-ried, so beauteous their*
3. *Their of-fers I hear, and their plen-ty I*

Gut, in wil-den Ge-bir-gen er-geht sich dein Muth.
Art, mit lieb-li-chen Far-ben be-zaubernd ge-paart?
mei.mein Lieb ist der Jä-ger der Ber-ge so frei!
dear, who wont the wild mountains to trace with-out fear;
hue, so a-gile, so graceful, so charming to view;
see, but what are their wealth and their of-fers to me;

Wer hat sol-che Heer-den, die hur-tig da-
Nichts in des Ge-birgs un-er-mess-li-chem
Auf son-ni-gem Fels, am um-wal-de-ten
o, where are thy flocks, that so swift-ly re-
o'er all the wide fo-rest there's nought can com-
while the light-bounding roes and the wild mountain

hin wie schwingen-be-flü-gelt durch's Hai-de-land zieh'n?
Reich der mun-te-ren Schaar meines Liebsten ist gleich!
See schaart ihm sich zur Freu-de der Hirsch und das Reh.
bound, and fly o'er the heath without touching the ground?
peer with the light-bounding flocks of my Co-lin, my dear.
deer are the cat-tle of Co-lin, my hun-ter, my dear.